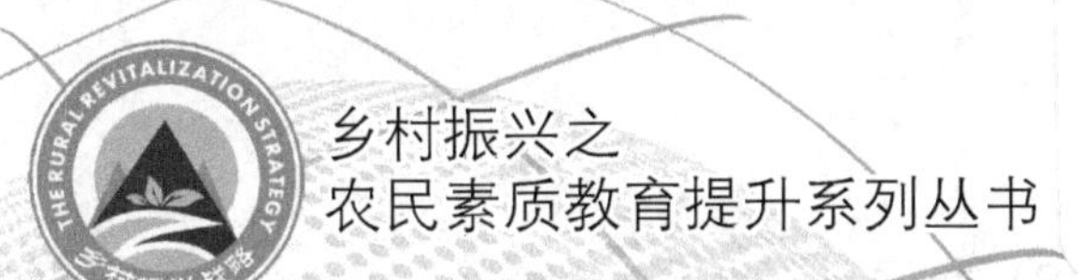

乡村振兴之
农民素质教育提升系列丛书

新时代三农政策

◎ 刘玉坪　万翔辉　赵 强　主编

中国农业科学技术出版社

图书在版编目（CIP）数据

新时代三农政策 / 刘玉坪，万翔辉，赵强主编．—北京：中国农业科学技术出版社，2020.7

（乡村振兴之农民素质教育提升系列丛书）

ISBN 978-7-5116-4887-7

Ⅰ.①新…　Ⅱ.①刘…②万…③赵…　Ⅲ.①三农政策-中国
Ⅳ.①F320

中国版本图书馆 CIP 数据核字（2020）第 130497 号

责任编辑　徐　毅
责任校对　马广洋

出 版 者　中国农业科学技术出版社
北京市中关村南大街 12 号　邮编：100081
电　　话　（010）82106631（编辑室）　（010）82109702（发行部）
（010）82109709（读者服务部）
传　　真　（010）82106631
网　　址　http://www.castp.cn
经 销 者　各地新华书店
印 刷 者　北京建宏印刷有限公司
开　　本　850 mm×1 168 mm　1/32
印　　张　6.25
字　　数　150 千字
版　　次　2020 年 7 月第 1 版　2020 年 7 月第 1 次印刷
定　　价　30.00 元

《新时代三农政策》

编　委　会

主　编：刘玉坪　万翔辉　赵　强

副主编：王建刚　程节波　张永波　杭欣宇

丁玉龙　张玉秋

编　委：吴国强　许　黎　张　婧　何铁军

孙井彬　李本印　郭惠臣　张俊华

前　言

习近平总书记在“十九大”报告中指出，实施乡村振兴战略。农业农村农民问题是关系国计民生的根本性问题，要坚持农业农村优先发展，按照产业兴旺、生态宜居、乡风文明、治理有效、生活富裕的总要求，建立健全城乡融合发展体制机制和政策体系，加快推进农业农村现代化。巩固和完善农村基本经营制度，深化农村土地制度改革，完善承包地“三权”分置制度。保持土地承包关系稳定并长久不变，第二轮土地承包到期后再延长30年。深化农村集体产权制度改革，保障农民财产权益，壮大集体经济。确保国家粮食安全，把中国人的饭碗牢牢端在自己手中。构建现代农业产业体系、生产体系、经营体系，完善农业支持保护制度，发展多种形式适度规模经营，培育新型农业经营主体，健全农业社会化服务体系，实现小农户和现代农业发展有机衔接。促进农村一、二、三产业融合发展，支持和鼓励农民就业创业，拓宽增收渠道。加强农村基层基础工作，健全自治、法治、德治相结合的乡村治理体系。培养造就一支懂农业、爱农村、爱农民的“三农”工作队伍。

“十九大”以来，党中央、国务院坚持把解决好“三农”问题作为全党工作的重中之重，持续加大强农、惠农、富农政策力度，扎实推进农业现代化和新农村建设，全面深化农村改革，制定了一系列方针政策，为决胜全面建成小康社会提供了重要支撑。本书以贯彻“十九大”文件精神为主题，整理选编了近年来惠农面广、惠农强度大、惠农持效期长的“三农”优惠政策，主要内容有深化农村农业改革，全面实施乡村振兴；调整优化农业结构，确保国家粮食安全；保护农业生态环境，确保农产品食品安全；夯实农业经营基础，促进现代农业发展；实施强农惠农政策，促进农业增效农民致富；推进农村土地制度改革，保障农业规模经营。本书主要面向基层农业农村工作者、新型农业经营主体和服务主体等广大农民朋友，以帮助加深了解党和国家强农惠农政策，引导和把握农业生产经营，推进现代农业发展，加快实施乡村振兴战略进程。

编　者

2020 年 4 月

目　录

第一章　深化农业农村改革，全面实施乡村振兴 …………（1）
　第一节　解读《国务院关于促进乡村产业振兴的指导意见》 ……………………………………………………（1）
　第二节　推动返乡入乡创业高质量发展 ………………（5）
　第三节　实施农村一、二、三产业融合发展推进行动 ………………………………………………………（11）
　第四节　加快推进特色小镇建设 ……………………（16）
　第五节　支持农业转移人口市民化若干财政政策 ………（23）
　第六节　关于金融服务乡村振兴的指导意见 …………（27）
第二章　调整优化农业结构，确保国家粮食安全 …………（34）
　第一节　大力发展粮食产业经济 ……………………（34）
　第二节　划定粮食生产功能区和重要农产品生产保护区 …………………………………………………（44）
　第三节　加强高标准农田建设，提升国家粮食安全保障能力 ……………………………………………（50）
第三章　保护农业生态环境，确保农产品食品安全 ………（57）
　第一节　深化改革加强食品安全工作 …………………（57）
　第二节　创新体制机制推进农业绿色发展 ……………（73）
　第三节　全国试行食用农产品合格证制度实施方案 ……（83）
　第四节　果菜茶有机肥替代化肥行动 …………………（88）
　第五节　新版《农药管理条例》解读 …………………（90）
　第六节　加快推进水产养殖业绿色发展 ………………（96）

第四章　夯实农业生产经营基础，促进现代农业发展 …（104）
第一节　解读2020年中央1号文件 ……………………（104）
第二节　支持做好新型农业经营主体培育 ………………（112）
第三节　开展农民合作社规范提升行动 …………………（118）
第四节　实施家庭农场培育计划 …………………………（123）
第五章　推进农村土地改革，促进农业生产规模经营 …（133）
第一节　关于保持土地承包关系稳定并长久不变 ………（133）
第二节　新《土地管理法》的七大突破 …………………（139）
第三节　《农村土地承包法修正案》修改的内容 ………（146）
第四节　关于设施农业用地管理有关问题 ………………（156）
第六章　完善强农惠农政策，促进农业增收农民致富 …（159）
第一节　对农民直接补贴资金项目 ………………………（159）
第二节　全面推开农业“三项补贴”改革 ………………（171）
第三节　农业保险政策 ……………………………………（176）
第四节　大力扶持农业产业化发展 ………………………（180）
第五节　加快生猪生产恢复发展三年行动方案 …………（183）
第六节　加强和改进农机购置补贴监管与服务 …………（189）
参考文献 ……………………………………………………（192）

第一章　深化农业农村改革，全面实施乡村振兴

第一节　解读《国务院关于促进乡村产业振兴的指导意见》

为了响应习近平总书记的号召，有效落实各项政策，国务院每周定期举行政策例行吹风会，官方解读热点政策，并对民众关心的重要内容进行回应。中国农业农村部副部长余欣荣和乡村产业发展司司长曾衍德，就记者对《国务院关于促进乡村产业振兴的指导意见》（以下简称《意见》）提问，作出官方回答。

一、乡村产业振兴发展如何保障农业环境不受影响，真正实现绿色发展

这是一个非常重要的问题，也是在制定《意见》过程中，我们特别注意坚持和把握的一个原则。《意见》在基本原则中特别强调，践行绿水青山就是金山银山的理念，严守耕地和生态保护红线，节约资源，保护环境，促进农村生产生活生态协调发展。我们之所以提出这个重要的原则，就是吸取了20世纪80年代发展乡镇企业时“村村点火、户户冒烟”的教训，绝不能再走先污染、后治理的老路。要践行绿色发展理念，走可持续的路子，让乡村产业成为撬动“绿水青山”转变成“金山银山”的“金杠杆”。

一要以绿色标准体系引领乡村产业绿色发展。在梳理现有标准基础上，按照绿色发展的要求，制定和修订农业投入品、农产品加工业、农村新业态等方面的国家和行业标准，建立统一的绿色农产品市场准入标准。同时，积极参与国际标准的制定和修订，推进农产品认证结果互认。引导和鼓励农业企业获得国际通行的农产品认证，拓展国际市场。

二要以标准化生产推进乡村产业绿色发展。引导各类农业经营主体建设标准化生产基地，特别是在国家农产品质量安全整县推进全程标准化生产，建设一批绿色粮仓、绿色果（菜）园、绿色牧（渔）场，打造农业绿色发展先行区。加强化肥、农药、兽药及饲料质量安全管理。文件强调要继续推进废旧地膜和包装废弃物等回收处理，推行水产健康养殖等。

三要强化资源保护利用促进乡村产业绿色发展。大力发展节地、节能、节水等资源节约型产业。国家明令淘汰的落后产能、列入国家禁止类产业目录的、污染环境的项目，不得进入乡村，不要再捡回落后的低质低效生产。推进种养循环一体化，支持秸秆和畜禽粪污资源化利用。推进加工副产物综合利用。

为确保乡村产业的绿色发展，文件对供地、规划、金融等多种制度保障作出了明确规定，从而在积极支持农业产业发展的过程中保证农业环境不受影响，实现真正意义上的可持续发展、绿色发展。

二、此次《国务院关于促进乡村产业振兴的指导意见》中有哪些新的政策“含金量”，与以往有什么联系和不同

这个问题进一步聚焦了政策，感谢你对乡村产业振兴的关心。这一次出台的政策措施，是在以往政策的基础上进行了集成、延伸、拓展、细化和实化，在“钱、地、人”这3个方面我们力求打出“组合拳”。

具体来说，在“钱”的方面：一方面，健全财政投入机制。这里一个重要的指标，就是提高土地出让收入用于农村的比例。经过测算，这一比例的提高将会大幅增加农业农村投入。同时，还要鼓励有条件的地方根据实际需要，按照市场化的方式设立乡村产业发展基金。另一方面，创新乡村金融服务。大家知道，金融服务是制约乡村产业发展的一个短板，这一次文件重点提出了要引导县域金融机构，将吸收的存款主要用于当地，重点支持乡村产业。初步测算，这项措施将会增加10万亿元以上的县域贷款余额。

在“地”的方面：完善用地保障政策，在安排土地利用年度计划的时候，加大对乡村产业发展用地的倾斜支持力度。开展县域乡村土地综合整治，盘活建设用地重点用于乡村新产业新业态和返乡入乡创新创业。探索针对乡村产业的省市县联动“点供”用地，支持休闲农业和乡村旅游及融合发展，这方面盘活后，就会更好地拓展乡村产业用地空间。

在“人”的方面：健全人才保障机制，引导各类人才到乡村兴办产业，加大农民的技能培训力度，支持职业院校扩大农村定向招生。深化农业系列职称制度改革，支持科技人员以科技成果入股农业企业，建立健全科研人员的校企、院企共建双聘机制，实现股权分红等激励措施。

三、乡村产业振兴指导意见的出台，对化解“空心村”的问题会起到哪些积极作用

这个问题在一些地方确实存在，主要是在中西部地区。出现这些现象根本的原因，还是乡村没有产业。没有产业，乡村就吸引不了资源要素，也就留不住人。习近平总书记指出，产业兴旺是解决农村一切问题的前提。我们这里“一切”，所指的是农村全局、全面、全方位的。没有产业，就没有乡村的振兴，乡村振

兴也就是一个“空中楼阁”。解决好“空心村”问题，根本的还是发展乡村产业。我们提出主要做到3个方面。

第一，要把产业更多留在乡村。过去都是农村搞种养业，城市搞加工流通，农民拿不到多少收益，现在我们就要改变这些问题。在《意见》中提出要突出资源优势，重点发展现代种养业、乡土特色产业、农产品加工流通业、乡村休闲旅游业、乡村新型服务业和乡村信息产业，这些都是立农、为农、兴农的产业，都要尽量把这些留在农村。

第二，要把就业岗位更多留给农民。目前，在田头就业的农民在减少，一些青壮劳动力都进城务工了。这些外出务工的不是不想在乡村就业，而是乡村的产业发展不充分，就业岗位较少，他们只能往外跑。所以，这次文件中提出，要充分挖掘乡村功能价值，引导加工流通企业重心下沉，向有条件的中心镇和物流节点集中。这些措施就是要把更多的二、三产业留在乡村，把更多的就业岗位留给农民。

第三，要把产业链增值收益尽量留给农民。发展乡村产业目的是要促进农民持续增收，要推动乡村生活富裕。目前，一些乡村产业与农民联系不紧，增值收益留给农民的不多，这些状况也需要改变。《意见》中提出，要建立联农带农机制，通过融合发展等多种方式，让农民不但有业就、有活儿干，更要有钱赚，让农民的腰包鼓起来，让农民的笑脸多起来。

我们提出的这3条如果做到位了，乡村振兴就有希望了，我想，农业农村就会出现三大变化。

一是农业强起来。通过发掘农业的新功能和新价值，延长产业链、提升价值链、打造供应链，加快构建现代农业产业体系、生产体系和经营体系，农业农村发展水平就提高了。

二是农村美起来。通过实施绿色兴农、质量兴农战略，绿色发展模式更加成形，带动农村繁荣、乡村美丽。

三是农民富起来。产业兴旺了，农民就业增收渠道拓宽了，农民收入增加了，生活也就富裕了。

第二节　推动返乡入乡创业高质量发展

2020 年 1 月 19 日国家发展改革委等 7 部门发文《关于推动返乡入乡创业高质量发展的意见》，支持农民工等人员返乡入乡创业，并提出以下意见。

一、推动返乡入乡创业高质量发展目标

经过 3~5 年努力，工作协同、政策协调的机制更加顺畅，支持返乡入乡创业的政策体系更加完善，返乡入乡创业环境进一步优化，市场主体活力进一步迸发，产业转移承接能力进一步增强，带动就业能力进一步提升。到 2025 年，打造一批具有较强影响力，一、二、三产业融合发展的返乡入乡创业产业园、示范区（县），全国各类返乡入乡创业人员达到 1 500 万人以上，带动就业人数达到 6 000 万人左右。

二、深化“放管服”改革，优化返乡入乡创业营商环境

1. 推进简政放权

持续深化商事制度改革，全面实施市场准入负面清单制度，以服务业为重点试点进一步放宽市场准入限制，简化优化审批手续和流程，清理各类不合理的审批和许可事项，坚决防止增加不合理收费项目，降低市场准入门槛和制度性交易成本，破除制约劳动者返乡入乡创业的体制机制障碍。

2. 优化创业服务

大力发展“互联网+政务服务”，鼓励网上审批，加快推进政务服务“一网通办”，推广实施网上办、马上办、全程帮办等

服务。鼓励县级以上地区设立返乡入乡创业“一站式”综合服务平台。整合优化县乡服务资源，积极打造覆盖县、乡、村的创业服务网络。

3. 培育中介服务市场

鼓励、支持和引导地方积极培育市场化中介服务机构，鼓励和支持大型市场化中介服务机构跨区域拓展，加强资源整合与信息共享，为返乡入乡创业人员和企业提供管理咨询、创业指导、资源对接、市场开拓等深度服务。

4. 构建亲商安商的良好环境

劳务输出地要积极建立权力清单和责任清单制度，完善更加公开透明的权力运行机制，形成引得进、留得住、干得好的发展环境，主动与长三角、珠三角、京津冀等地加强合作，通过开展返乡入乡创业投资对接会、招商洽谈会等方式，积极招引投资和承接产业转移。

三、加大财税政策支持，降低返乡入乡创业生产经营成本

1. 创新财政资金支持方式

统筹利用现有资金渠道或有条件的地区因地制宜设立返乡入乡创业资金，为返乡入乡创业人员和企业提供支持。充分利用外经贸发展专项资金，支持中西部和东北地区承接加工贸易梯度转移，带动促进返乡创业。允许发行地方政府专项债券支持符合条件的返乡入乡创业产业园、示范区（县）建设项目（财政部、人力资源社会保障部、商务部、发展改革委等按职责分工负责）。

2. 实施税费减免

对返乡入乡创业企业招用建档立卡贫困人口、登记失业人员，符合条件的，按规定落实税收优惠等政策。对入驻返乡入乡创业示范基地、创新创业园区（基地）、创业孵化基地等场所或租用各类园区标准化厂房生产的返乡入乡创业企业，各地可对厂

房租金、卫生费、管理费等给予一定额度减免。

四、创新金融服务，缓解返乡入乡创业融资难题

1. 加大贷款支持

各地要加强与相关金融机构合作，创新金融产品和服务，加大对返乡入乡创业企业金融支持。推动城市商业银行、农村商业银行、农村信用社业务逐步回归本源，县域吸收的存款优先用于返乡入乡创业。鼓励和支持国有商业银行合理赋予县域支行信贷业务审批权限，激发县域支行支持返乡入乡创业融资积极性。支持相关银行对暂时存在流动资金贷款偿还困难且符合相关条件的返乡入乡创业企业给予展期。适当提高对返乡入乡创业企业贷款不良率的容忍度。

2. 引导直接融资

切实发挥国家中小企业发展基金、国家新兴产业创业投资引导基金及各地的产业引导基金、创业投资基金等作用，撬动更多社会资本支持返乡入乡创业。进一步放开资本市场，积极利用上市、发行债券等方式拓宽融资渠道。支持私募股权投资基金加大对返乡入乡创业支持力度。加大债券产品创新，支持返乡入乡创业企业通过发行创新创业公司债券等进行融资。

3. 创新担保方式

探索实施返乡入乡创业信用贷款政策，鼓励在返乡创业试点地区拓展返乡入乡创业企业信用贷款业务。完善创业担保贷款政策，放宽小微企业创业担保贷款申请条件。加快完善政府性融资担保体系，充分发挥国家融资担保基金等作用，积极为符合条件的返乡入乡创业市场主体实施融资担保。推广“银行保险+政策性担保”合作融资模式，鼓励保险公司为返乡入乡创业人员提供贷款保证保险产品。

4. 扩大抵押物范围

加快宅基地、集体建设用地以及农房等农村不动产确权登记，完善集体经营性建设用地抵押制度。在宅基地制度改革试点框架下，有条件的地区按照风险可控原则，稳妥探索宅基地使用权抵押贷款业务。探索实施利用大型农机具、股权、商标、应收账款等抵（质）押贷款，不断拓展抵（质）押物范围。

五、健全用地支持政策，保障返乡入乡创业生产经营空间

1. 优先保障返乡入乡创业用地

统筹安排相关产业用地，切实保障返乡入乡创业用地需求。各地在安排年度新增建设用地计划指标时，要加大对返乡入乡创业人员从事新产业新业态发展用地的支持。移民搬迁旧宅基地腾退节余的建设用地指标和村庄建设用地整治复垦腾退的建设用地指标，优先用于返乡入乡创业生产经营。

2. 完善土地利用方式

创新土地流转政策，鼓励承包农户依法采取转包、出租、互换、转让及入股等方式流转承包地，鼓励长期外出务工的农民家庭将相对闲置的承包地集中流转给返乡入乡创业企业，用于农业生产经营。拓展农村宅基地所有权、资格权、使用权“三权分置”改革试点，鼓励针对返乡入乡创业人员和企业先行先试。返乡入乡人员创办农业休闲观光度假场所和农家乐的，可依法使用集体建设用地。

3. 盘活存量土地资源

盘活工厂、公用设施等的闲置房产、空闲土地，结合交通区位、产业基础、生产条件等实际情况，依法依规实施改造利用，为返乡入乡创业人员提供低成本生产和办公场地。

六、优化人力资源，增强返乡入乡创业发展动力

1. 强化创业培训

持续实施返乡入乡创业培训行动计划，使每位有意愿的创业者都能接受一次创业培训。实施返乡入乡创业带头人培养计划，对具有发展潜力和带头示范作用的返乡入乡创业人员，依托普通高校、职业院校（含技工院校，下同）、优质培训机构、公共职业技能培训平台等开展创业能力提升培训，符合条件的，按规定纳入职业培训补贴范围。

2. 大力培养本地人才

坚持需求导向，依托科教园区、各级各类学校特别是职业院校，实施产教融合、校企合作，开设返乡入乡创业特色产业相关专业，支持返乡入乡创业企业与院校合作订单式培养急需紧缺专业人才。大规模开展职业技能培训，大力培养适应返乡入乡创业企业需求的高素质劳动者。

3. 加快职业技能培训平台共建共享

围绕地方和返乡入乡创业发展需求，支持部分返乡创业试点地区建设一批公共实训基地，支持有条件的职业院校、企业深化校企合作并建设产教融合实训基地，依托大中型企业、知名村镇、大中专院校等力量建设一批农村创新创业孵化实训基地，为返乡入乡创业提供职业技能培训基础平台支撑。

4. 加强人才引进

制定返乡入乡创业“引人”“育人”“留人”政策措施。鼓励返乡入乡创业企业招用各类人才，各地可参照当地人才引进政策给予奖励、住房补贴等支持。鼓励专业技术人才以技术投资、入股等方式转让、转化科研成果，帮助支持返乡入乡创业企业发展。

七、完善配套设施和服务，强化返乡入乡创业基础支撑

1. 完善基础设施

通过加大政府投资、引导社会资本投入等多种方式，支持中西部和东北地区进一步完善信息、交通、寄递、物流等基础设施。进一步健全以县、乡、村三级物流节点为支撑的物流网络体系，打通农村物流“最后一公里”。深化电子商务进农村综合示范工作。

2. 搭建创业平台

在统筹谋划基础上，支持和引导地方建设一批特色突出、设施齐全的返乡入乡创业园区（基地）。在现有各类园区基础上，整合资源、共建共享，改造提升一批乡情浓厚、产业集中、营商环境良好的返乡入乡创业产业园。支持各地推广新型孵化模式，整合建设一批创业孵化基地、小型微型企业创业创新基地、众创空间和星创天地等平台，并将其打造成为综合性返乡入乡创业孵化载体。

3. 优化基本公共服务

进一步放开城镇落户条件，对符合条件的各类返乡入乡创业人员及其共同生活的配偶、子女和父母全面放开落户限制。增加优质教育、住房等供给，解决返乡入乡创业人员子女入学、居住等实际问题。将符合条件的返乡创业人员纳入城镇住房保障范围。加快推进全国统一的社会保险公共服务平台建设，切实为返乡入乡创业人员妥善办理社保关系转移接续。建立以社会保障卡为载体的“一卡通”服务管理模式，做好社会保障服务工作。对创业失败的劳动者，符合条件的，按规定提供就业服务、就业援助和社会救助。

八、强化组织保障，确保返乡入乡创业政策任务落地见效

1. 加强组织领导

各地要强化责任意识，加强系统谋划，把返乡入乡创业纳入经济社会发展全局和稳就业大局中统筹谋划和推进，建立健全返乡入乡创业工作机制，统筹制订实施方案、年度计划、目标任务和政策措施。各地区、各有关部门要加强协作，调动各方力量、整合各种资源，共同解决工作中遇到的困难和问题。

2. 强化评估考核

完善督查评估和考核机制，有关创业就业项目和资金安排与督查考核结果挂钩。对返乡创业试点地区进行检查考核，对工作成效明显的地区加大激励支持力度，对试点动力不足、主动作为不够、措施落实不到位的地区及时调整退出。

3. 做好宣传引导

创新宣传方式，加强政策宣传解读，总结推广试点示范好经验好做法，大力宣传返乡入乡创业典型和优秀乡村企业家案例，鼓励举办创新创业大赛、创业训练营、创业大讲堂和各类展示活动，营造全社会广泛关心、支持和参与返乡入乡创业的良好氛围。

文件要求各地区、各有关部门要进一步提高政治站位，充分认识支持农民工等人员返乡入乡创业的重要性和紧迫性，牢固树立“一盘棋”的思想，切实加强组织领导，认真落实本意见各项要求，细化、实化政策措施，加大要素保障力度，加快优化创业环境，推动返乡入乡创业高质量发展。

第三节　实施农村一、二、三产业融合发展推进行动

为深入贯彻落实党的“十九大”关于“促进农村一、二、

三产业融合发展，支持和鼓励农民就业创业，拓宽增收渠道”的决策部署，按照2018中央一号文件“大力开发农业多种功能，构建农村一、二、三产业融合发展体系”和《政府工作报告》“多渠道增加农民收入，促进农村一、二、三产业融合发展”的要求，农业农村部决定实施农村一、二、三产业融合发展推进行动（以下简称“推进行动”）。现将有关事项通知如下。

一、充分认识推进行动的重要意义

促进农村一、二、三产业融合发展是党中央、国务院作出的重要决策，是党的“三农”理论和政策的创新和发展。“十八大”以来，各级农业农村部门认真贯彻中央决策部署，把农村一、二、三产业融合发展（以下简称“农村产业融合发展”）作为农业农村经济转型升级的重要抓手和有效途径，积极推动政策落实和示范带动，取得了积极成效。但总体看，一些地方认识还不足，政策落实不到位；有些地方融合发展水平不高，产加销环节衔接不紧密，产业链延伸、价值链提升不充分；有些地方的企业和农民利益联结机制还不完善，农民分享全产业链增值收益还不够。实施推进行动，有利于构建现代农业产业体系、经营体系和生产体系，提升农业质量效益和市场竞争力；有利于拓宽农民就业增收渠道，促进农民持续较快增收；有利于培育农村新产业、新业态、新模式，壮大农业农村发展新动能；有利于促进城乡各种资源要素合理流动，以产业融合促进城乡融合。总之，实施推进行动，对于构建农村产业融合发展体系，实施乡村振兴战略，加快农业农村现代化都具有十分重要的意义。

二、准确把握推进行动的总体要求

实施推进行动，要以习近平总书记“三农”思想为指引，坚持“基在农业、惠在农村、利在农民”原则，以农民分享产

业链增值收益为核心，以延长产业链、提升价值链、完善利益链为关键，以改革创新为动力，加强农业与加工流通、休闲旅游、文化体育、科技教育、健康养生和电子商务等产业深度融合，增强“产加销”的互联互通性，形成多业态打造、多主体参与、多机制联结、多要素发力、多模式推进的农村产业融合发展体系，努力助推乡村产业兴旺，切实增强农业农村经济发展新动能。

实施推进行动，要坚持利农惠农，强化企业和农民利益联结，保障农民分享产业融合增值收益。坚持分类施策，发挥各地的特色和资源优势，探索不同地区、不同产业、不同企业的融合模式。坚持市场导向，尊重各类市场主体意愿，引导企业与农民共建产业融合利益共同体，共同提升价值链和利益链。坚持绿色引领，建立低碳、低耗、循环、高效的绿色发展方式，促进资源节约集约利用和生态环境保护。

三、进一步明确推进行动的目标任务

到 2020 年，农村产业融合主体规模不断壮大，产业链不断延长，价值链明显提升，供应链加快重组，企业和农民的利益联结机制更加完善，融合模式更加多样，建成一批农村产业融合发展先导区和示范园，融合发展体系初步形成，为实施乡村振兴战略提供有力支撑。

1. 落实政策引导融合

继续贯彻落实党中央、国务院关于推进农村产业融合发展、支持返乡下乡人员创业创新、进一步促进农产品加工业发展、发展休闲农业和乡村旅游的决策部署，积极推动财税、金融、保险、投资、科技、人才和用地用电等政策措施落地见效。引导各地以问题为导向，有针对性地细化实化工作举措。组织实施好支持农村产业融合发展项目，促进产业兴村强县和信息进村入户，扶持一批带动力强、影响力大、能让更多农民分享全产业链增值收益的融合发展主体。

2. 创业创新促进融合

积极推动农村创业创新，以返乡下乡本乡创业创新人员为重点，加快培育一批融合利益共同体；以科技人员、企业家、经营管理和职业技能人才等为重点，加快实施一批融合发展相关项目；以农村创业创新项目创意大赛、农村创业创新成果展览展示等为载体，选拔培育一批农村创业创新标杆和代表人物；以农村创业创新园区（基地）为平台，为创业创新主体提供场所和高效便捷服务。

3. 发展产业支撑融合

通过政策推动、企业带动和项目引导，加快发展绿色、循环农业，提高优质农产品生产比例，夯实产业融合发展基础。统筹推动初加工、精深加工、综合利用加工协调发展，不断增强农产品加工业引领带动能力。通过大力发展金融服务、物流配送、电子商务、休闲农业和乡村旅游等新产业、新业态、新模式，引导第三产业逐步实现主体多元化、业态多样化、设施现代化、发展集聚化、服务规范化，拓宽产业融合发展新途径。同时引导农村一、二、三产业跨界融合、紧密相连、一体推进，形成农业与其他产业深度融合格局，催生新产业、新业态、新模式，拓宽农民就业增收渠道。

4. 完善机制带动融合

以保底收购、保底分红、利润返还、合作制、股份合作制、股份制等为主要形式，引导企业和农户建立紧密的利益联结关系；鼓励支持企业将资金、设备、技术与农户的土地经营权等要素有机结合，推动价值分配向上游农户倾斜，打造风险共担、利益共享、命运与共的农村产业融合发展主体；支持企业为农户提供种养技术、产品营销、商品化处理等服务，带领农户发展新产

业，增加农户参与产业融合的机会，提升小农户自我发展并与现代农业对接的能力；鼓励企业、科研院所、大专院校和农户成立产业联盟，通过共同研发、成果转化、共有品牌、统一营销等方式，实现信息互通、优势互补。

5. 加强服务推动融合

推进农产品加工流通、休闲旅游、电子商务、投资贸易、展示展销等平台建设，通过政府购买服务等方式为企业提供政策咨询、融资信息、人才对接等公共服务；加快制订修订一批行业标准，规范行业管理和提升自律能力；完善统计制度和调查方法，开展行业运行监测分析，指导和推动农村产业融合有序发展；进一步加强与金融机构、产业投资基金的合作，加大农村产业融合发展信贷支持力度。

四、切实强化推进行动的保障措施

1. 强化组织领导

各级农业农村部门要积极发挥指导和引导作用，认真履行有关职责任务，加强沟通协调，推动形成工作合力。各省（区、市）农业农村部门要制订推进行动工作方案，进一步明确实施推进行动的目标思路、重点任务、进度安排、责任分工和保障措施，整合资源力量，构建上下联动、部门协调配合的工作环境。

2. 强化典型带动

通过政策集成和要素集聚，打造一批具有引领和示范带动作用的农村产业融合发展先导区和示范园；培育一批产业深度融合的现代农业产业园、科技园、创业园、农产品精深加工示范基地和农产品加工园区，促进产园（产城、产镇、产村）融合发展；推介一批农产品加工业发展典型和中央厨房、副产物综合利用模式、休闲农业与乡村旅游示范县、精品线路和景点、美丽休闲乡村、农村创业创新典型县、优秀带头人和企业家典型，充分发挥其辐射带动和示范引领作用。

3. 强化指导督促

各省（区、市）农业农村部门要加强对市县农村产业融合发展推进行动的指导，及时对相关工作进行跟踪了解、总结评估。加快建立激励约束机制，开展绩效评估，对实施推进行动好的市县，加大政策、项目等支持力度，切实起到鼓励先进、鞭策后进作用。

4. 强化宣传引导

各省（区、市）农业农村部门要广泛通过广播、电视、报纸、网络、宣传册、明白纸等形式，积极宣传政策措施、典型案例和融合模式等，为农村产业融合发展蓄积动力、营造良好的外部环境和舆论氛围。

第四节　加快推进特色小镇建设

2016 年 2 月，国务院印发了《关于深入推进新型城镇化建设的若干意见》，强调要"加快培育中小城市和特色小城镇"。特色小镇建设的步伐进一步加快，平台经济优势凸显。但与此同时，盲目借鉴、"千镇一面"的现象也不时出现。如何发挥特色优势、如何保障资金来源、如何促进特色小镇健康持续发展也就成为当前急需解决的问题。

一、特色小镇建设应注意的问题

特色小镇自提出以来，各方都强调要防止"千镇一面"现象的出现。对于特色小镇，我们该如何界定其成功？又该如何达到这一目标？

1. 成功的特色小镇应该具备 5 个方面的主要特征

一是产业特色鲜明。坚持"一镇一业"，主攻最有基础、最

具优势的特色产业，尽量避免同质竞争，确保每一个镇都有自己的“金字招牌”。二是空间布局合理，就是要做到“小而美”。“小”，就是要合理控制城镇规模，防止无序发展和盲目扩张；“美”，就是要从规划设计、整体布局、建筑风貌、文化内涵、现代元素等多个方面入手，做到建筑有风格、街道有景致、旅居有情趣、城镇有品位。三是生态环境优美。引导培育绿色生活方式，保护“自然之理、乡村之趣”，形成绿树成荫、花团锦簇、四季有景的优美环境，打造人与自然和谐共生的美丽家园。四是人文气息浓厚。一个建设成功的城镇，应当是区域特色、人文气息、现代艺术巧妙结合，充分展示历史印记和民俗风情，并形成各具特色而又充满文化韵味的魅力城镇。五是服务功能完备。具有健全的基础设施、完善的公共配套、良好的管理服务，集产业、旅游、文化、居住等功能于一身，生产、生活、生态于一体，让居民舒心创业、休憩和居住。

2. 成功的特色小镇建设还要处理好 3 个方面的关系

一是与规划的关系。作为顶层设计，规划必不可少，但传统的规划基本上无法满足特色小镇的建设要求。因为它涉及生产、生活、生态以及城市、乡村等各个领域及门类，既需要高度的专业化，又需要实现多领域的融合，难度很大，要注意 5 个方面：一是应实现多规融合。即特色小镇建设只能有一张图，而不能搞若干个规划。二是重视“软规划”。特色小镇建设要有色彩的概念，要有一些文化的标志。这方面如果做得好，也能够改变“千镇一面”的现象。三是要讲盈利模式，有维护成本的意识，这是我们以往的规划里所没有的。如果这个问题解决不了，特色小镇建设就会面临很大的困难。四是要深挖当地的特色基因。现在有个别地方的规划还存在大而空的问题，涉及本地特色的内容占比很小，大概只有 10%~20%；而实际上，规划中最应该突出的正是本地的实际，如果作出来的规划也适合于别的地方，基本可以

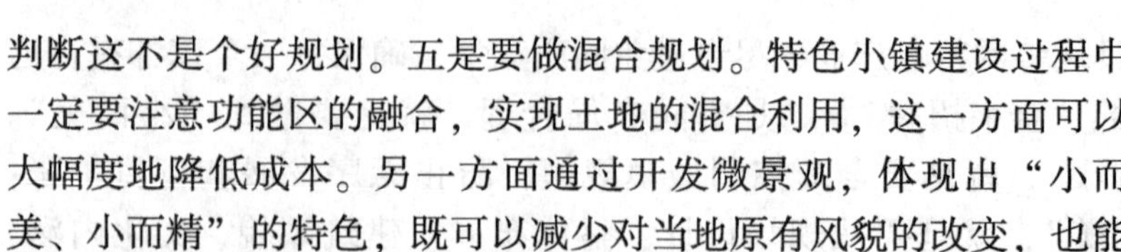

判断这不是个好规划。五是要做混合规划。特色小镇建设过程中一定要注意功能区的融合，实现土地的混合利用，这一方面可以大幅度地降低成本。另一方面通过开发微景观，体现出“小而美、小而精”的特色，既可以减少对当地原有风貌的改变，也能够区别于城市景观。

二是与房地产的关系。成功的特色小镇一定是非房地产化的，但也不能没有房地产，不然人口集聚以后住在哪儿呢？关于如何看待房地产产业发展，我们认为，特色小镇建设给房地产产业提供了一次转型的机会，即房地产产业可以利用特色小镇的建设，做产业地产、旅游地产，然后转向服务、运营。

三是与产业的关系。从产业角度来说，特色小镇建设能不能成功，有两个挑战因素：一是特色产业能不能做起来；二是能不能打造出有品位、有文化、有特色的人居环境。前者的关键在于选址。其一，如果小镇位于城市群内部，处于大城市的周边，就可以利用大城市的高端资源做一些资本、技术含量比较高的产业。如杭州周边的基金小镇、北京周边的机器人小镇。也可以发展为大城市服务的产业，现在浙江大部分的特色小镇是这类模式，成功率比较高。其二，如果是中西部地区的小镇，可以将重点放在开发特色资源上，如农业资源比较丰富的可以做田园综合体，森林资源比较丰富的可以做森林特色小镇。在西部生态环境比较脆弱的地方，可以着重发展当地有优势的特色种植业或养殖业，搞特色经济，而不要搞工业型小镇或做其他大规模的开发。

另外，在特色小镇建设过程中还要注意的一个重要问题就是不能触碰国家的政策红线。例如，中西部地区有很多特色资源，主要是有好山好水的地方，但这些地方很多都是水源地，或者是受国家保护的林场、湿地等，核心区是绝对不能开发的，也不能使周边地区的开发威胁到核心区。在这一点上，一定要做好前期评估，如果前期评估做不好，就容易出问题。

特色小镇建设应该是形形色色，没有模式可言的。建设特色小镇，最终目的是能够形成小镇生活方式。从这个意义上来说，建设特色小镇，无论是科技型、传统历史型还是经典产业型等，都要与产业结合，实现产城融合和充分就业，只有这样才能满足居民对更好生活的向往。

3. 特色小镇的建设核心主要有 8 个方面

一是实现小镇居民充分、全面就业，这是核心问题；二是形成“十分钟生活圈”，打造一种生活社区；三是挖掘地方文化，即保留传统的集体记忆；四是保留小镇原有的特定文化和文化空间；五是小镇的自然风貌要有独特性；六是能够形成一个良好的居住空间，服务体系比较完善；七是安全有保障；八是交通比较便捷，拥有一个合适的就业半径。有学者认为，小镇生活实际上是一种后现代社会的表达，未来城市社会无底、无形、无边，其实就是由各种各样的小镇所连接而成的区域空间。例如，农民完全迁移到城市不太可能，但可以就地市民化，在原有的生活空间里享受市民化的生活方式，这是可以实现的。

4. 特色小镇的产城融合的四个模式

一是根据地区的板块经济特色，在原有经济和产业特色的基础上，通过整合创新实现优势重组，同时，建立广泛的产业网链和价值链，进而形成特色产业群和特色产业价值链。二是根据文化传承和历史文脉，结合市场需求，挖掘、规划和建构一种产业模式。三是依托地区的多种要素整合形成新的产业结构，使之产生“一加一大于二”的效果。四是找到一个亮点，创造性地建构“空隙定位战略”，通过规划、创意的力量开发出来。无论何种产业模式，特色小镇的产业要素和文化要素一定要具有唯一性，这其中最关键的环节就是要有良好的就业规划、空间规划及建设团队。因此，成功的特色小镇一定是规划出来的，只是规划的深度和强度不一样。例如，有的是完全规划出来的，有的是挖掘出来的，有的是整合出来的，而有的是提升出来的。在本质上说，特色小镇的规划不同于以往的规划，是融合空间、产业、文化、就业、生态、人才、服务管理等的复合型规划，是一种战略整合规划。

特色小镇建设的关键在一个“特”字，没有特色就没有吸引力、没有个性，也就失去了立镇之本。当前推进特色小镇建设，既有成功的范例，也存在盲目大干快上、机械式复制等现象，使本来应该各具特色的小镇失去了特色，也背离了建设初衷。因此，特色小镇建设，一定要坚持规划先行，科学引导，因地制宜，循序渐进，不能“一刀切”、一哄而上，你争一顶“帽子”、我抢一个“头衔”，要避免低水平重复建设和同质化竞争等问题。

二、如何看待特色小镇建设的资金及其来源问题

资金问题是建设特色小镇的一个重要问题，目前各地在建设过程中，均着力加强政府、企业与银行之间的合作，努力拓宽城镇建设投资融资渠道，取得了一定的进展。

1. 特色小镇建设需要大量资金支持

PPP 模式是特色小镇建设的重要资金筹措方式之一，但不是唯一。首先，虽然 PPP 模式有很大的优势，但在建设特色小镇过程当中也面临一些实际的困难，如缺乏专业的评估师、造价师等，镇域层面缺乏这类人才。其次，所有投资者包括个别地方政府，都希望立马见效，而 PPP 模式需要一个长期的过程，这就产生了很大的矛盾。最后，社会诚信体系还不健全，极个别地方还存在“新官不理旧账”的现象，挫伤了社会资本参与的积极性。所以，应开发多元化的资金筹措渠道，最好是直接融资。

当前，特色小镇的建设其实是在重构中国文化的根底。我国农村建设虽然取得了很大的成就，但改善的空间仍然较大，例

如，房屋建设、自来水供应、医疗需求、教育等，基本没有完整的价值生活方式，特别是没有充分就业。所以，从这个意义上讲，特色小镇的建设构成了一种“根”文化，这实际上是很深刻的。这里面更重要的是新生活方式的创立，会使当地人永久获利，能够实现国家利益与民众利益的最大化。但很多人现在并不理解这一点，有的企业家把它看成赚钱的机会，有的银行家看成盈利过程，个别规划者也只是把它当做一个空间规划过程。因此，特色小镇建设要有正确的价值取向，一是当然不能在资金上亏负；二是建设过程中要有正确的价值观，也就是要为民族的历史负责任，这是最重要的。同时，特色小镇是一项长期性的建设，投资力度会比较大，但盈利点也比较多。成功的特色小镇，一定是盈利空间比较大的小镇。例如，土地的级差、建筑空间、区域的空间再利用及房地产产业的转型、重点商业的开发、旅游亮点的挖掘、高端人才的集聚与高端产业的研发、传统产业创意的再包装等。特色小镇除了房地产产业的基础以外，还有产业基础的支撑，还具有未来发展创意的产品开发和引领模式。

2. 特色小镇可谓是“小空间大投资”

需充分发挥政府财政资金的杠杆作用、社会资本的主体作用、金融资本的促进作用和政策性资金的助推作用，形成多元参与、整体发力的良好格局。

当然，关键还是要实现“双手同向发力”。一方面，要充分发挥市场看不见的手的作用，激发社会投资的活力。每一个特色小镇，至少要有一家有较强经济实力、较高管理水平、有战略眼光和社会责任感的大企业做支撑。做到这一点，关键在于投资项目要有盈利点，有可持续发展能力。另一方面，要充分发挥政府看得见的手的作用，精明策划项目、精准规划区域、精细整合资源。除了区域规划设计以外，设计好合作模式以吸引社会资本的参与也很重要。

三、建设特色小镇，要从哪些领域的创新着手

1. 首先要实现两个方面的创新

一是政府引导方式的创新。一方面，在特色小镇建设中，应坚持“谁运营谁管理”的原则，淡化行政主导的色彩，充分发挥其他主体的作用；另一方面，要避免搞国家标准的倾向，因为统一标准与特色发展是相矛盾的。坚持多元化的发展趋向就必须突出市场的导向作用，这方面国家发改委做得比较好，它提出了政企合作的导向，但不制定具体的标准，由地方自行探索适合的建设模式。二是产业盈利模式的创新，即解决不靠房地产赚钱的问题，而将重点放在原有领域的创新上。

2. 特色小镇的核心是产业，它能够带动就业，能够形成新的生产方式

特色产业类型的选择和建构非常关键，一般是根据当地的特点或人才、资源的特点来进行建构的。当前，我们需警惕的一个问题是特色小镇的房地产化，导致原有的产业、就业等规划被破坏或搁置。对此，我们可探索建立企业联盟或社区联盟及自治，通过产业融合、行业自律与公众参与来打造本地宜居的生活空间。

3. 特色小镇建设要实现与市场、社会的充分对接

首先要解决市场对接问题。重点是建立一套比较完善的政策体系，吸引项目、资金、技术和人才等要素向特色小镇聚集，通过政府的有形之手和市场的无形之手同向发力，推动特色小镇建设有序运行。其次要解决社会对接问题。特色小镇是相对独立的“世外桃源”，是一个既需一定稳定性又需实现人才、资源、信息等要素自由流动的系统综合体。因此，既应坚持与外部系统的充分开放与对接，同时，还要保持内部治理的有序与科学。一方面，要通过推进权力下放、职能下移、服务下沉，强化政务服

务、公共服务的针对性和及时性，提升居民的认同感、归属感、获得感；另一方面，要坚持问题导向、精准治理，通过建立“一核多元，合作共治”的新型基层治理机制，搭建有序高效的居民自治和互助平台，不断提高自我服务和自我管理的能力。

第五节　支持农业转移人口市民化若干财政政策

加快农业转移人口市民化，是推进以人为核心的新型城镇化的首要任务，是破解城乡二元结构的根本途径，是扩内需、调结构的重要抓手。根据党中央、国务院决策部署，实施支持农业转移人口市民化若干财政政策如下。

一、基本原则

创新机制、扩大覆盖。创新公共资源配置的体制机制，将持有居住证人口纳入义务教育、基本医疗、基本养老、就业服务等基本公共服务保障范围，使其逐步享受与当地户籍人口同等的基本公共服务。

精准施策、促进均衡。强化经济发达地区为农业转移人口提供与当地户籍人口同等基本公共服务的职责；综合考虑户籍人口、持有居住证人口和常住人口等因素，完善转移支付制度，确保中西部财政困难地区财力不因政策调整而减少，促进基本公共服务均等化。

强化激励、推动落户。建立中央和省级财政农业转移人口市民化奖励机制，调动地方政府推动农业转移人口市民化的积极性，有序推动有能力在城镇稳定就业和生活的农业转移人口举家进城落户。

维护权益、消除顾虑。充分尊重农民意愿和自主定居权利，依法维护进城落户农民在农村享有的既有权益，消除农民进城落户的后顾之忧。为进城落户农民在农村合法权益的流转创造条件，实现其权益的保值增值。

二、政策措施

1. 保障农业转移人口子女平等享有受教育权利

地方政府要将农业转移人口及其他常住人口随迁子女义务教育纳入公共财政保障范围，逐步完善并落实中等职业教育免学杂费和普惠性学前教育的政策。中央和省级财政部门要按在校学生人数及相关标准核定义务教育和职业教育中涉及学生政策的转移支付，统一城乡义务教育经费保障机制，实现“两免一补”资金和生均公用经费基准定额资金随学生流动可携带，落实好中等职业教育国家助学政策。

2. 支持创新城乡基本医疗保险管理制度

加快落实医疗保险关系转移接续办法和异地就医结算办法，整合城乡居民基本医疗保险制度，加快实施统一的城乡医疗救助制度。对于居住证持有人选择参加城镇居民医保的，个人按城镇居民相同标准缴费，各级财政按照参保城镇居民相同标准给予补助，避免重复参保、重复补助。加快实现基本医疗保险参保人跨制度、跨地区转移接续。

3. 支持完善统筹城乡的社会保障体系

加快实施统一规范的城乡社会保障制度，中央和省级财政部门要配合人力资源社会保障等有关部门，做好将持有居住证人口纳入城镇社会保障体系和城乡社会保障制度衔接等工作。

4. 加大对农业转移人口就业的支持力度

中央和省级财政部门在安排就业专项资金时，要充分考虑农业转移人口就业问题，将城镇常住人口和城镇新增就业人数作为分配因素，并赋予适当权重。县级财政部门要统筹上级转移支付和自有财力，支持进城落户农业转移人口中的失业人员进行失业

登记，并享受职业指导、介绍、培训及技能鉴定等公共就业服务和扶持政策。

5. 建立农业转移人口市民化奖励机制

中央财政建立农业转移人口市民化奖励机制，奖励资金根据农业转移人口实际进城落户以及地方提供基本公共服务情况，并适当考虑农业转移人口流动、城市规模等因素进行测算分配，向吸纳跨省（区、市）流动农业转移人口较多地区和中西部中小城镇倾斜。省级财政要安排资金，建立省（区、市）对下农业转移人口市民化奖励机制。县级财政部门要将上级奖励资金统筹用于提供基本公共服务。

6. 均衡性转移支付适当考虑为持有居住证人口提供基本公共服务增支因素

中央财政在根据户籍人口测算分配均衡性转移支付的基础上，充分考虑各地区向持有居住证人口提供基本公共服务的支出需求，并根据基本公共服务水平提高和规模增长情况进行动态调整，确保对中西部财政困难地区转移支付规模和力度不减。省级财政要参照中央做法，在对下分配均衡性转移支付资金时，考虑为持有居住证人口提供基本公共服务等增支因素，增强县级政府财政保障能力，鼓励中西部地区农业转移人口就近城镇化。

7. 县级基本财力保障机制考虑持有居住证人口因素

完善县级基本财力保障机制奖补资金分配办法，中央和省级财政在测算县级相关民生支出时，要适当考虑持有居住证人口因素，加强对吸纳农业转移人口较多且民生支出缺口较大的中西部县级政府的财力保障。县级政府要统筹用好资金，切实将农业转移人口纳入基本公共服务保障范围，使农业转移人口与当地户籍人口享受同等基本公共服务。

8. 支持提升城市功能，增强城市承载能力

地方政府要将农业转移人口市民化工作纳入本地区经济社会

发展规划、城乡规划和城市基础设施建设规划。要多渠道筹集建设资金，通过发行地方政府债券等多种方式拓宽城市建设融资渠道。要推广政府和社会资本合作（PPP）模式，吸引社会资本参与城市基础设施建设和运营。按照市场配置资源和政府保障相结合的原则，鼓励农业转移人口通过市场购买或租赁住房，采取多种方式解决农业转移人口居住问题。中央财政在安排城市基础设施建设和运行维护、保障性住房等相关专项资金时，对吸纳农业转移人口较多的地区给予适当支持。

9. 维护进城落户农民土地承包权、宅基地使用权、集体收益分配权

地方政府不得强行要求进城落户农民转让在农村的土地承包权、宅基地使用权、集体收益分配权，或将其作为进城落户条件。要通过健全农村产权流转交易市场，逐步建立进城落户农民在农村的相关权益退出机制，积极引导和支持进城落户农民依法自愿有偿转让相关权益，促进相关权益的实现和维护，但现阶段要严格限定在本集体经济组织内部。要多渠道筹集资金，支持进城落户农民在城镇居住、创业、投资。

10. 加大对农业转移人口市民化的财政支持力度，并建立动态调整机制

中央和地方各级财政部门要根据不同时期农业转移人口数量规模、不同地区和城乡之间农业转移人口流动变化、大中小城市农业转移人口市民化成本差异等，对转移支付规模和结构进行动态调整。落实东部发达地区和大型、特大型城市的主体责任，引导其加大支出结构调整力度，依靠自有财力为农业转移人口提供与当地户籍人口同等的基本公共服务，中央财政根据其吸纳农业转移人口进城落户人数等因素，适当给予奖励。

三、组织实施

建立健全支持农业转移人口市民化的财政政策是党中央、国务院部署的重点改革任务之一，各级政府及其财政部门要高度重视、提高认识、尽快部署、狠抓落实。中央财政要加快调整完善相关政策，加大转移支付支持力度，建立绩效考核机制，督促地方财政部门尽快制定有关支持农业转移人口市民化的财政政策措施。省级财政部门要按照本通知要求，结合本地区实际制定支持农业转移人口市民化的政策措施，并报财政部备案；要完善省对下转移支付制度，引导农业转移人口就近城镇化，增强省以下各级政府落实农业转移人口市民化政策的财政保障能力。

人口流入地政府尤其是东部发达地区政府要履行为农业转移人口提供基本公共服务的义务，把推动本地区新型城镇化、加快推进户籍制度改革、促进已进城农业转移人口在城镇定居落户与提供基本公共服务结合起来，通过加强预算管理，统筹使用自有财力和上级政府转移支付资金，合理安排预算，优化支出结构，切实保障农业转移人口基本公共服务需求。

第六节　关于金融服务乡村振兴的指导意见

为深入贯彻落实中央农村工作会议、《中共中央、国务院关于实施乡村振兴战略的意见》和《乡村振兴战略规划（2018—2022 年）》有关要求，切实提升金融服务乡村振兴效率和水平，人民银行、银保监会、证监会、财政部、农业农村部联合印发《关于金融服务乡村振兴的指导意见》，主要内容摘要如下。

一、金融服务乡村振兴工作目标

到2020年，金融服务乡村振兴实现以下目标。

金融精准扶贫力度不断加大。2020年以前，乡村振兴的重点就是脱贫攻坚。涉农银行业金融机构在贫困地区要优先满足精准扶贫信贷需求。新增金融资源要向深度贫困地区倾斜，深度贫困地区贷款增速力争每年高于所在省（区、市）贷款平均增速，力争每年深度贫困地区扶贫再贷款占所在省（区、市）的比重高于上年同期水平。

金融支农资源不断增加。涉农银行业金融机构涉农贷款余额高于上年，农户贷款和新型农业经营主体贷款保持较快增速。债券、股票等资本市场服务“三农”水平持续提升。农业保险险种持续增加，覆盖面有效提升。

农村金融服务持续改善。基本实现乡镇金融机构网点全覆盖，数字普惠金融在农村得到有效普及。农村支付服务环境持续改善，银行卡助农取款服务实现可持续发展，移动支付等新兴支付方式在农村地区得到普及应用。农村信用体系建设持续推进，农户及新型农业经营主体的融资增信机制显著改善。

涉农金融机构公司治理和支农能力明显提升。涉农金融机构差别化定价能力不断增强，农村金融产品和服务创新加快推进，涉农贷款风险管理持续改进，确保涉农不良贷款水平稳定在可控范围，县域法人金融机构商业可持续性明显改善，金融服务乡村振兴能力和水平持续提升。

二、明确金融重点支持领域

1. 不断加大金融精准扶贫力度，助力打赢脱贫攻坚战

加大对建档立卡贫困户的扶持力度，用好用足扶贫小额信贷、农户小额信用贷款、创业担保贷款、助学贷款、康复扶贫贷

款等优惠政策，满足建档立卡贫困户生产、创业、就业、就学等合理贷款需求。推动金融扶贫和产业扶贫融合发展，按照穿透式原则，建立金融支持与企业带动贫困户脱贫的挂钩机制。

2. 围绕藏粮于地、藏粮于技，做好国家粮食安全金融服务

以国家确定的粮食生产功能区、重要农产品生产保护区和特色农产品优势区为重点，创新投融资模式，加大对高标准农田建设和农村土地整治的信贷支持力度，推进农业科技与资本有效对接，持续增加对现代种业提升、农业科技创新和成果转化的投入。结合粮食收储制度及价格形成机制的市场化改革，支持农业发展银行做好政策性粮食收储工作，探索支持多元市场主体进行市场化粮食收购的有效模式。

3. 聚焦产业兴旺，推动农村一、二、三产业融合发展

积极满足农田水利、农业科技研发、高端农机装备制造、农产品加工业、智慧农业产品技术研发推广、农产品冷链仓储物流及烘干等现代农业重点领域的合理融资需求，促进发展节水农业、高效农业、智慧农业、绿色农业。支持农业产业化龙头企业及联合体发展，延伸农业产业链，提高农产品附加值。充分发掘地区特色资源，支持探索农业与旅游、养老、健康等产业融合发展的有效模式，推动休闲农业、乡村旅游、特色民宿和农村康养等产业发展。加大对现代农业产业园、农业产业强镇等的金融支持力度，推动产村融合、产城融合发展。

4. 重点做好新型农业经营主体和小农户的金融服务，有效满足其经营发展的资金需求

针对不同主体的特点，建立分层分类的农业经营主体金融支持体系。鼓励家庭农场、农民合作社、农业社会化服务组织、龙头企业等新型农业经营主体通过土地流转、土地入股、生产性托管服务等多种形式实现规模经营，探索完善对各类新型农业经营主体的风险管理模式，增强金融资源承载力。鼓励发展农业供应

链金融，将小农户纳入现代农业生产体系，强化利益联结机制，依托核心企业提高小农户和新型农业经营主体融资可得性。支持农业生产性服务业发展，推动实现农业节本增效。

5. 做好农村产权制度改革金融服务，发展壮大农村集体经济

配合农村土地制度改革和农村集体产权制度改革部署，加快推动确权登记颁证、价值评估、交易流转、处置变现等配套机制建设，积极稳妥推广农村承包土地的经营权抵押贷款业务，结合宅基地“三权分置”改革试点进展稳妥开展农民住房财产权抵押贷款业务，推动集体经营性建设用地使用权、集体资产股份等依法合规予以抵押，促进农村土地资产和金融资源的有机衔接。结合农村集体经济组织登记赋码工作进展，加大对具有独立法人地位、集体资产清晰、现金流稳定的集体经济组织的金融支持力度。

三、强化金融产品和服务方式创新

1. 积极拓宽农业农村抵质押物范围

推动厂房和大型农机具抵押、圈舍和活体畜禽抵押、动产质押、仓单和应收账款质押、农业保单融资等信贷业务，依法合规推动形成全方位、多元化的农村资产抵质押融资模式。积极稳妥开展林权抵押贷款，探索创新抵押贷款模式。鼓励企业和农户通过融资租赁业务，解决农业大型机械、生产设备、加工设备购置更新资金不足问题。

2. 创新金融机构内部信贷管理机制

各涉农银行业金融机构要单独制定涉农信贷年度目标任务，并在经济资本配置、内部资金转移定价、费用安排等方面给予一定倾斜。完善涉农业务部门和县域支行的差异化考核机制，落实涉农信贷业务的薪酬激励和尽职免责。适当下放信贷审批权限，推动分支机构尤其是县域存贷比偏低的分支机构，加大涉农信贷

投放。在商业可持续的基础上简化贷款审批流程，合理确定贷款的额度、利率和期限，鼓励开展与农业生产经营周期相匹配的流动资金贷款和中长期贷款等业务。

3. 推动新技术在农村金融领域的应用推广

规范互联网金融在农村地区的发展，积极运用大数据、区块链等技术，提高涉农信贷风险的识别、监控、预警和处置水平。加强涉农信贷数据的积累和共享，通过客户信息整合和筛选，创新农村经营主体信用评价模式，在有效做好风险防范的前提下，逐步提升发放信用贷款的比重。鼓励金融机构开发针对农村电商的专属贷款产品和小额支付结算功能，打通农村电商资金链条。

4. 完善"三农"绿色金融产品和服务体系

完善绿色信贷体系，鼓励银行业金融机构加快创新"三农"绿色金融产品和服务，通过发行绿色金融债券等方式，筹集资金用于支持污染防治、清洁能源、节水、生态保护、绿色农业等绿色领域，助力打好污染防治攻坚战。加强绿色债券后续监督管理，确保资金专款专用。

四、建立健全多渠道资金供给体系

1. 加大多层次资本市场的支持力度

支持符合条件的涉农企业在主板、中小板、创业板以及新三板等上市和挂牌融资，规范发展区域性股权市场。加强再融资监管，规范涉农上市公司募集资金投向，避免资金"脱实向虚"。鼓励中介机构适当降低针对涉农企业上市和再融资的中介费用。在门槛不降低的前提下，继续对国家级贫困地区的企业首次公开募股（IPO）、新三板挂牌、公司债发行、并购重组开辟绿色通道。健全风险投资引导机制，积极引导风险资金投早投小，加大对初创期涉农企业的支持力度。鼓励有条件的地区发起设立乡村振兴投资基金，推动农业产业整合和转型升级。

2. 创新债券市场融资工具和产品

鼓励地方政府发行一般债券，用于农村人居环境整治、高标准农田建设等领域。支持地方政府根据乡村振兴项目资金需求，试点发行项目融资和收益自平衡的专项债券。鼓励商业银行发行“三农”专项金融债券，募集资金用于支持符合条件的乡村振兴项目建设。加大对非金融企业债务融资工具的宣传力度，支持对优质涉农企业开辟注册发行绿色通道，在满足信息披露要求的前提下简化注册发行流程。

3. 发挥期货市场价格发现和风险分散功能

加快推动农产品期货品种开发上市，创新推出大宗畜产品、经济作物等期货交易，丰富农产品期货品种。积极运用期货价格信息引导农业经营者优化种植结构，完善农产品期货交易、交割规则。创新农产品期权品种，改进白糖、豆粕期权规则，加快推进并择机推出玉米、棉花等期权合约，丰富农业风险管理手段。稳步扩大“保险+期货”试点，探索“订单农业+保险+期货（权）”试点，探索建立农业补贴、涉农信贷、农产品期货（权）和农业保险联动机制，形成金融支农综合体系。

4. 持续提高农业保险的保障水平

科学确定农业保险保费补贴机制，鼓励有条件的地方政府结合财力加大财政补贴力度，拓宽财政补贴险种，合理确定农业经营主体承担的保费水平。探索开展地方特色农产品保险以奖代补政策试点。落实农业保险大灾风险准备金制度，组建中国农业再保险公司，完善农业再保险体系。逐步扩大农业大灾保险、完全成本保险和收入保险试点范围。引导保险机构到农村地区设立基层服务网点，下沉服务重心，实现西藏自治区保险机构地市级全覆盖，其他省份保险机构县级全覆盖。

五、加强金融基础设施建设

1. 在可持续的前提下全面提升农村地区支付服务水平

大力推动移动支付等新兴支付方式的普及应用，鼓励和支持各类支付服务主体到农村地区开展业务，积极引导移动支付便民工程全面向乡村延伸，推广符合农村农业农民需要的移动支付等新型支付产品。推动银行卡助农取款服务规范可持续发展，鼓励支持助农取款服务与信息进村入户、农村电商、城乡社会保障等合作共建，提升服务点网络价值。推动支付结算服务从服务农民生活向服务农业生产、农村生态有效延伸，不断优化银行账户服务，加强风险防范，持续开展宣传，促进农村支付服务环境建设可持续发展。

2. 加快推进农村信用体系建设

按照政府主导、人民银行牵头、各方参与、服务社会的整体思路，全面开展信用乡镇、信用村、信用户创建活动，发挥信用信息服务农村经济主体融资功能。强化部门间信息互联互通，推行守信联合激励和失信联合惩戒机制，不断提高农村地区各类经济主体的信用意识，优化农村金融生态环境。稳步推进农户、家庭农场、农民合作社、农业社会化服务组织、农村企业等经济主体电子信用档案建设，多渠道整合社会信用信息，完善信用评价与共享机制，促进农村地区信息、信用、信贷联动。

3. 强化农村地区金融消费权益保护

深入开展“金惠工程”“金融知识普及月”等金融知识普及活动，实现农村地区金融宣传教育全覆盖。加大金融消费权益保护宣传力度，增强农村金融消费者的风险意识和识别违法违规金融活动的能力。规范金融机构业务行为，加强信息披露和风险提示，畅通消费者投诉的处理渠道，构建农村地区良好的金融生态环境。

第二章　调整优化农业结构，确保国家粮食安全

第一节　大力发展粮食产业经济

近年来，我国粮食连年丰收，为保障国家粮食安全、促进经济社会发展奠定了坚实基础。当前，粮食供给由总量不足转为结构性矛盾，库存高企、销售不畅、优质粮食供给不足、深加工转化滞后等问题突出。为加快推进农业供给侧结构性改革，大力发展粮食产业经济，促进农业提质增效、农民就业增收和经济社会发展，国务院提出以下意见。

一、发展粮食产业经济的目的意义和主要目标

1. 指导思想

全面贯彻党的“十八大”和十八届三中、四中、五中、六中全会精神，深入贯彻习近平总书记系列重要讲话精神和治国理政新理念、新思想、新战略，认真落实党中央、国务院决策部署，统筹推进“五位一体”总体布局和协调推进“四个全面”战略布局，牢固树立创新、协调、绿色、开放、共享的发展理念，全面落实国家粮食安全战略，以加快推进农业供给侧结构性改革为主线，以增加绿色优质粮食产品供给、有效解决市场化形势下农民卖粮问题、促进农民持续增收和保障粮食质量安全为重点，大力实施优质粮食工程，推动粮食产业创新发展、转型升级

和提质增效，为构建更高层次、更高质量、更有效率、更可持续的粮食安全保障体系夯实产业基础。

2. 基本原则

坚持市场主导，政府引导。以市场需求为导向，突出市场主体地位，激发市场活力和企业创新动力，发挥市场在资源配置中的决定性作用。针对粮食产业发展的薄弱环节和制约瓶颈，强化政府规划引导、政策扶持、监管服务等作用，着力营造产业发展良好环境。

坚持产业融合，协调发展。树立“大粮食”“大产业”“大市场”“大流通”理念，充分发挥粮食加工转化的引擎作用，推动仓储、物流、加工等粮食流通各环节有机衔接，以相关利益联结机制为纽带，培育全产业链经营模式，促进一、二、三产业融合发展。

坚持创新驱动，提质增效。围绕市场需求，发挥科技创新的支撑引领作用，深入推进大众创业、万众创新，加快体制机制、经营方式和商业模式创新，积极培育新产业、新业态等新动能，提升粮食产业发展质量和效益。

坚持因地制宜，分类指导。结合不同区域、不同领域、不同主体的实际情况，选择适合自身特点的粮食产业发展模式。加强统筹协调和政策引导，推进产业发展方式转变，及时总结推广典型经验，注重整体效能和可持续性。

3. 主要目标

到2020年，初步建成适应我国国情和粮情的现代粮食产业体系，产业发展的质量和效益明显提升，更好地保障国家粮食安全和带动农民增收。绿色优质粮食产品有效供给稳定增加，全国粮食优质品率提高10个百分点左右；粮食产业增加值年均增长7%左右，粮食加工转化率达到88%，主食品工业化率提高到25%以上；主营业务收入过百亿的粮食企业数量达到50个以上，大型粮食产业化龙头企业和粮食产业集群辐射带动能力持续增强；粮食科技创新能力和粮食质量安全保障能力进一步提升。

二、培育壮大粮食产业主体

1. 增强粮食企业发展活力

适应粮食收储制度改革需要，深化国有粮食企业改革，发展混合所有制经济，加快转换经营机制，增强市场化经营能力和产业经济发展活力。以资本为纽带，构建跨区域、跨行业“产购储加销”协作机制，提高国有资本运行效率，延长产业链条，主动适应和引领粮食产业转型升级，做强、做优、做大一批具有竞争力、影响力、控制力的骨干国有粮食企业，有效发挥稳市场、保供应、促发展、保安全的重要载体作用。鼓励国有粮食企业依托现有收储网点，主动与新型农业经营主体等开展合作。培育、发展和壮大从事粮食收购和经营活动的多元粮食市场主体，建立健全统一、开放、竞争、有序的粮食市场体系。

2. 培育壮大粮食产业化龙头企业

在农业产业化国家重点龙头企业认定工作中，认定和扶持一批具有核心竞争力和行业带动力的粮食产业化重点龙头企业，引导支持龙头企业与新型农业经营主体和农户构建稳固的利益联结机制，引导优质粮食品种种植，带动农民增收致富。支持符合条件的龙头企业参与承担政策性粮食收储业务；在确保区域粮食安全的前提下，探索创新龙头企业参与地方粮食储备机制。

3. 支持多元主体协同发展

发挥骨干企业的示范带动作用，鼓励多元主体开展多种形式的合作与融合，大力培育和发展粮食产业化联合体。支持符合条件的多元主体积极参与粮食仓储物流设施建设、产后服务体系建设等。鼓励龙头企业与产业链上下游各类市场主体成立粮食产业联盟，共同制定标准、创建品牌、开发市场、攻关技术、扩大融

资等，实现优势互补。鼓励通过产权置换、股权转让、品牌整合、兼并重组等方式，实现粮食产业资源优化配置。

三、创新粮食产业发展方式

1. 促进全产业链发展

粮食企业要积极参与粮食生产功能区建设，发展“产购储加销”一体化模式，构建从田间到餐桌的全产业链。推动粮食企业向上游与新型农业经营主体开展产销对接和协作，通过定向投入、专项服务、良种培育、订单收购、代储加工等方式，建设加工原料基地，探索开展绿色优质特色粮油种植、收购、储存、专用化加工试点；向下游延伸建设物流营销和服务网络，实现粮源基地化、加工规模化、产品优质化、服务多样化，着力打造绿色、有机的优质粮食供应链。开展粮食全产业链信息监测和分析预警，加大供需信息发布力度，引导粮食产销平衡。

2. 推动产业集聚发展

深入贯彻区域发展总体战略和“一带一路”建设、京津冀协同发展、长江经济带发展三大战略，发挥区域和资源优势，推动粮油产业集聚发展。依托粮食主产区、特色粮油产区和关键粮食物流节点，推进产业向优势产区集中布局，完善进口粮食临港深加工产业链。发展粮油食品产业集聚区，打造一批优势粮食产业集群，以全产业链为纽带，整合现有粮食生产、加工、物流、仓储、销售以及科技等资源，支持建设国家现代粮食产业发展示范园区（基地），支持主销区企业到主产区投资建设粮源基地和仓储物流设施，鼓励主产区企业到主销区建立营销网络，加强产销区产业合作。

3. 发展粮食循环经济

鼓励支持粮食企业探索多途径实现粮油副产物循环、全值和梯次利用，提高粮食综合利用率和产品附加值。以绿色粮源、绿色仓储、绿色工厂、绿色园区为重点，构建绿色粮食产业体系。鼓励粮食企业建立绿色、低碳、环保的循环经济系统，降低单位产品能耗和物耗水平。推广“仓顶阳光工程”、稻壳发电等新能源项目，大力开展米糠、碎米、麦麸、麦胚、玉米芯、饼粕等副产物综合利用示范，促进产业节能减排、提质增效。

4. 积极发展新业态

推进“互联网+粮食”行动，积极发展粮食电子商务，推广“网上粮店”等新型粮食零售业态，促进线上线下融合。完善国家粮食电子交易平台体系，拓展物流运输、金融服务等功能，发挥其服务种粮农民、购粮企业的重要作用。加大粮食文化资源的保护和开发利用力度，支持爱粮节粮宣传教育基地和粮食文化展示基地建设，鼓励发展粮食产业观光、体验式消费等新业态。

5. 发挥品牌引领作用

加强粮食品牌建设顶层设计，通过质量提升、自主创新、品牌创建、特色产品认定等，培育一批具有自主知识产权和较强市场竞争力的全国性粮食名牌产品。鼓励企业推行更高质量标准，建立粮食产业企业标准领跑者激励机制，提高品牌产品质量水平，大力发展“三品一标”粮食产品，培育发展自主品牌。加强绿色优质粮食品牌宣传、发布、人员培训、市场营销、评价标准体系建设、展示展销信息平台建设，开展丰富多彩的品牌创建和产销对接推介活动、品牌产品交易会等，挖掘区域性粮食文化元素，联合打造区域品牌，促进品牌整合，提升品牌美誉度和社会影响力。鼓励企业获得有机、良好农业规范等通行认证，推动出口粮食质量安全示范区建设。加大粮食产品的专利权、商标权等知识产权保护力度，严厉打击制售假冒伪劣产品行为。加强行业信用体系建设，规范市场秩序。

四、加快粮食产业转型升级

1. 增加绿色优质粮油产品供给

大力推进优质粮食工程建设，以市场需求为导向，建立优质优价的粮食生产、分类收储和交易机制。增品种、提品质、创品牌，推进绿色优质粮食产业体系建设。实施“中国好粮油”行动计划，开展标准引领、质量测评、品牌培育、健康消费宣传、营销渠道和平台建设及试点示范。推进出口食品农产品生产企业内外销产品“同线同标同质”工程，实现内销转型，带动产业转型升级。调优产品结构，开发绿色优质、营养健康的粮油新产品，增加多元化、定制化、个性化产品供给，促进优质粮食产品的营养升级扩版。推广大米、小麦粉和食用植物油适度加工，大力发展全谷物等新型营养健康食品。推动地方特色粮油食品产业化，加快发展杂粮、杂豆、木本油料等特色产品。适应养殖业发展新趋势，发展安全环保饲料产品。

2. 大力促进主食产业化

支持推进米面、玉米、杂粮及薯类主食制品的工业化生产、社会化供应等产业化经营方式，大力发展方便食品、速冻食品。开展主食产业化示范工程建设，认定一批放心主食示范单位，推广“生产基地+中央厨房+餐饮门店”“生产基地+加工企业+商超销售”“作坊置换+联合发展”等新模式。保护并挖掘传统主食产品，增加花色品种。加强主食产品与其他食品的融合创新，鼓励和支持开发个性化功能性主食产品。

3. 加快发展粮食精深加工与转化

支持主产区积极发展粮食精深加工，带动主产区经济发展和农民增收。着力开发粮食精深加工产品，增加专用米、专用粉、专用油、功能性淀粉糖、功能性蛋白等食品以及保健、化工、医药等方面的有效供给，加快补齐短板，减少进口依赖。发展纤维素等非粮燃料乙醇；在保障粮食供应和质量安全的前提下，着力处置霉变、重金属超标、超期储存粮食等，适度发展粮食燃料乙醇，推广使用车用乙醇汽油，探索开展淀粉类生物基塑料和生物降解材料试点示范，加快消化政策性粮食库存。支持地方出台有利于粮食精深加工转化的政策，促进玉米深加工业持续健康发展。强化食品质量安全、环保、能耗、安全生产等约束，促进粮食企业加大技术改造力度，倒逼落后加工产能退出。

4. 统筹利用粮食仓储设施资源

通过参股、控股、融资等多种形式，放大国有资本功能，扩展粮食仓储业服务范围。多渠道开发现有国有粮食企业仓储设施用途，为新型农业经营主体和农户提供粮食产后服务，为加工企业提供仓储保管服务，为期货市场提供交割服务，为“互联网+粮食”经营模式提供交割仓服务，为城乡居民提供粮食配送服务。

五、强化粮食科技创新和人才支撑

1. 加快推动粮食科技创新突破

支持创新要素向企业集聚，加快培育一批具有市场竞争力的创新型粮食领军企业，引导企业加大研发投入和开展创新活动。鼓励科研机构、高校与企业通过共同设立研发基金、实验室、成果推广工作站等方式，聚焦企业科技创新需求。加大对营养健康、质量安全、节粮减损、加工转化、现代物流、“智慧粮食”等领域相关基础研究和急需关键技术研发的支持力度，推进信息、生物、新材料等高新技术在粮食产业中的应用，加强国内外粮食质量检验技术标准比对及不合格粮食处理技术等研究，开展进出口粮食检验检疫技术性贸易措施及相关研究。

2. 加快科技成果转化推广

深入实施“科技兴粮工程”，建立粮食产业科技成果转化信

息服务平台，定期发布粮食科技成果，促进粮食科技成果、科技人才、科研机构等与企业有效对接，推动科技成果产业化。发挥粮食领域国家工程实验室、重点实验室成果推广示范作用，加大粮食科技成果集成示范基地、科技协同创新共同体和技术创新联盟的建设力度，推进科技资源开放共享。

3. 促进粮油机械制造自主创新

扎实推进“中国制造2025”，发展高效节粮节能成套粮油加工装备。提高关键粮油机械及仪器设备制造水平和自主创新能力，提升粮食品质及质量安全快速检测设备的技术水平。引入智能机器人和物联网技术，开展粮食智能工厂、智能仓储、智能烘干等应用示范。

4. 健全人才保障机制

实施“人才兴粮工程”，深化人才发展体制改革，激发人才创新创造活力。支持企业加强与科研机构、高校合作，创新人才引进机制，搭建专业技术人才创新创业平台，遴选和培养一批粮食产业技术体系专家，凝聚高水平领军人才和创新团队为粮食产业服务。发展粮食高等教育和职业教育，支持高等院校和职业学校开设粮食产业相关专业和课程，完善政产学研用相结合的协同育人模式，加快培养行业短缺的实用型人才。加强职业技能培训，举办职业技能竞赛活动，培育“粮工巧匠”，提升粮食行业职工的技能水平。

六、夯实粮食产业发展基础

1. 建设粮食产后服务体系

适应粮食收储制度改革和农业适度规模经营的需要，整合仓储设施资源，建设一批专业化、市场化的粮食产后服务中心，为农户提供粮食“五代”（代清理、代干燥、代储存、代加工、代销售）服务，推进农户科学储粮行动，促进粮食提质减损和农民增收。

2. 完善现代粮食物流体系

加强粮食物流基础设施和应急供应体系建设，优化物流节点布局，完善物流通道。支持铁路班列运输，降低全产业链物流成本。鼓励产销区企业通过合资、重组等方式组成联合体，提高粮食物流组织化水平。加快粮食物流与信息化融合发展，促进粮食物流信息共享，提高物流效率。推动粮食物流标准化建设，推广原粮物流“四散化”（散储、散运、散装、散卸）、集装化、标准化，推动成品粮物流托盘等标准化装载单元器具的循环共用，带动粮食物流上下游设施设备及包装标准化水平提升。支持进口粮食指定口岸及港口防疫能力建设。

3. 健全粮食质量安全保障体系

支持建设粮食质量检验机构，形成以省级为骨干、以市级为支撑、以县级为基础的公益性粮食质量检验监测体系。加快优质、特色粮油产品标准和相关检测方法标准的制修订。开展全国收获粮食质量调查、品质测报和安全风险监测，加强进口粮食质量安全监管，建立进口粮食疫情监测和联防联控机制。建立覆盖从产地到餐桌全程的粮食质量安全追溯体系和平台，进一步健全质量安全监管衔接协作机制，加强粮食种植、收购、储存、销售及食品生产经营监管，严防不符合食品安全标准的粮食流入口粮市场或用于食品加工。加强口岸风险防控和实际监管，深入开展农产品反走私综合治理，实施专项打击行动。

七、完善保障措施

1. 加大财税扶持力度

充分利用好现有资金渠道，支持粮食仓储物流设施、国家现代粮食产业发展示范园区（基地）建设和粮食产业转型升级。统筹利用商品粮大省奖励资金、产粮产油大县奖励资金、粮食风

险基金等支持粮食产业发展。充分发挥财政资金引导功能，积极引导金融资本、社会资本加大对粮食产业的投入。新型农业经营主体购置仓储、烘干设备，可按规定享受农机具购置补贴。落实粮食加工企业从事农产品初加工所得，按规定免征企业所得税政策和国家简并增值税税率有关政策。

2. 健全金融保险支持政策

拓宽企业融资渠道，为粮食收购、加工、仓储、物流等各环节提供多元化金融服务。政策性、商业性金融机构要结合职能定位和业务范围，在风险可控的前提下，加大对粮食产业发展和农业产业化重点龙头企业的信贷支持。建立健全粮食收购贷款信用保证基金融资担保机制，降低银行信贷风险。支持粮食企业通过发行短期融资券等非金融企业债务融资工具筹集资金，支持符合条件的粮食企业上市融资或在新三板挂牌以及发行公司债券、企业债券和并购重组等。引导粮食企业合理利用农产品期货市场管理价格风险。在做好风险防范的前提下，积极开展企业厂房抵押和存单、订单、应收账款质押等融资业务，创新“信贷+保险”、产业链金融等多种服务模式。鼓励和支持保险机构为粮食企业开展对外贸易和“走出去”提供保险服务。

3. 落实用地用电等优惠政策

在土地利用年度计划中，对粮食产业发展重点项目用地予以统筹安排和重点支持。支持和加快国有粮食企业依法依规将划拨用地转变为出让用地，增强企业融资功能。改制重组后的粮食企业，可依法处置土地资产，用于企业改革发展和解决历史遗留问题。落实粮食初加工用电执行农业生产用电价格政策。

4. 加强组织领导

地方各级人民政府要高度重视粮食产业经济发展，因地制宜制订推进本地区粮食产业经济发展的实施意见、规划或方案，加强统筹协调，明确职责分工。加大粮食产业经济发展实绩在粮食安全省长责任制考核中的权重。要结合精准扶贫、精准脱贫要求，大力开展粮食产业扶贫。粮食部门负责协调推进粮食产业发展有关工作，推动产业园区建设，加强粮食产业经济运行监测。发展改革、财政部门要强化对重大政策、重大工程和重大项目的支持，发挥财政投入的引导作用，撬动更多社会资本投入粮食产业。各相关部门要根据职责分工抓紧完善配套措施和部门协作机制，并发挥好粮食等相关行业协会商会在标准、信息、人才、机制等方面的作用，合力推进粮食产业经济发展。

第二节　划定粮食生产功能区和重要农产品生产保护区

为优化农业生产布局，聚焦主要品种和优势产区，实行精准化管理，国务院就建立粮食生产功能区和重要农产品生产保护区（以下统称“两区”）提出意见。

一、划定“两区”的原则和目标

1. 划定“两区”的原则

坚持底线思维、科学划定。按照“确保谷物基本自给、口粮绝对安全”的要求和重要农产品自给保障水平，综合考虑消费需求、生产现状、水土资源条件等因素，科学合理划定水稻、小麦、玉米生产功能区和大豆、棉花、油菜籽、糖料蔗、天然橡胶生产保护区，落实到田头地块。

坚持统筹兼顾、持续发展。围绕保核心产能、保产业安全，正确处理中央与地方、当前与长远、生产与生态之间的关系，充分调动各方面积极性，形成建设合力，确保农业可持续发展和生态改善。

坚持政策引导、农民参与。完善支持政策和制度保障体系，

充分尊重农民自主经营的意愿和保护农民土地的承包经营权，积极引导农民参与“两区”划定、建设和管护，鼓励农民发展粮食和重要农产品生产。

坚持完善机制、建管并重。建立健全激励和约束机制，加强“两区”建设和管护工作，稳定粮食和重要农产品种植面积，保持种植收益在合理水平，确保“两区”建得好、管得住，能够长久发挥作用。

2. 划定“两区”的目标

力争用3年时间完成10.58亿亩（1亩≈667平方米，下同）“两区”地块的划定任务，做到全部建档立卡、上图入库，实现信息化和精准化管理；力争用5年时间基本完成“两区”建设任务，形成布局合理、数量充足、设施完善、产能提升、管护到位、生产现代化的“两区”，国家粮食安全的基础更加稳固，重要农产品自给水平保持稳定，农业产业安全显著增强。

（1）粮食生产功能区。划定粮食生产功能区9亿亩，其中，6亿亩用于稻麦生产。以东北平原、长江流域、东南沿海优势区为重点，划定水稻生产功能区3.4亿亩；以黄淮海地区、长江中下游、西北及西南优势区为重点，划定小麦生产功能区3.2亿亩（含水稻和小麦复种区6 000万亩）；以松嫩平原、三江平原、辽河平原、黄淮海地区以及汾河和渭河流域等优势区为重点，划定玉米生产功能区4.5亿亩（含小麦和玉米复种区1.5亿亩）。

（2）重要农产品生产保护区。划定重要农产品生产保护区2.38亿亩（与粮食生产功能区重叠8 000万亩）。以东北地区为重点，黄淮海地区为补充，划定大豆生产保护区1亿亩（含小麦和大豆复种区2 000万亩）；以新疆维吾尔自治区为重点，黄河流域、长江流域主产区为补充，划定棉花生产保护区3 500万亩；以长江流域为重点，划定油菜籽生产保护区7 000万亩（含水稻和油菜籽复种区6 000万亩）；以广西、云南等省（区）为重点，划定糖料蔗生产保护区 1 500万亩；以海南、云南、广东等省为重点，划定天然橡胶生产保护区 1 800万亩。

二、科学合理划定“两区”

1. 科学确定划定标准

粮食生产功能区和大豆、棉花、油菜籽、糖料蔗生产保护区划定应同时具备以下条件：水土资源条件较好，坡度在 15°以下的永久基本农田；相对集中连片，原则上平原地区连片面积不低于 500 亩，丘陵地区连片面积不低于 50 亩；农田灌排工程等农业基础设施比较完备，生态环境良好，未列入退耕还林还草、还湖还湿、耕地休耕试点等范围；具有粮食和重要农产品的种植传统，近 3 年播种面积基本稳定。优先选择已建成或规划建设的高标准农田进行“两区”划定。天然橡胶生产保护区划定的条件：风寒侵袭少、海拔高度低于 900 米的宜胶地块。

2. 自上而下分解任务

根据全国“两区”划定总规模和各省（区、市）现有永久基本农田保护面积、粮食和重要农产品种植面积等因素，将划定任务分解落实到各省（区、市）。各省（区、市）人民政府要按照划定标准和任务，综合考虑当地资源禀赋、发展潜力、产销平衡等情况，将本省（区、市）“两区”面积细化分解到县（市、区）。要将产粮大县作为粮食生产功能区划定的重点县。

3. 以县为基础精准落地

县级人民政府要根据土地利用、农业发展、城乡建设等相关规划，按照全国统一标准和分解下达的“两区”划定任务，结合农村土地承包经营权确权登记颁证和永久基本农田划定工作，明确“两区”具体地块并统一编号，标明“四至”及拐点坐标、面积以及灌排工程条件、作物类型、承包经营主体、土地流转情况等相关信息。依托国土资源遥感监测“一张图”和综合监管

平台，建立电子地图和数据库，建档立卡、登记造册。

4. 审核和汇总划定成果

各省（区、市）人民政府要及时组织开展“两区”划定成果的核查验收工作，在公告公示无异议后，将有关情况报送农业部（现“农业农村部”）、国家发展改革委、国土资源部，同时，抄送财政部、住房城乡建设部、水利部。农业部、国土资源部要指导各省（区、市）建立“两区”电子地图和数据库，形成全国“两区”布局“一张图”。农业农村部、国家发展改革委要会同有关部门汇总全国“两区”划定成果并向国务院报告。

三、大力推进“两区”建设

1. 强化综合生产能力建设

依据高标准农田建设规划和土地整治规划等，按照集中连片、旱涝保收、稳产高产、生态友好的要求，积极推进“两区”范围内的高标准农田建设。加强“两区”范围内的骨干水利工程和中小型农田水利设施建设，因地制宜兴建“五小水利”工程，大力发展节水灌溉，打通农田水利“最后一公里”。加强天然橡胶生产基地建设，加快老龄残次、低产低质胶园更新改造，强化胶树抚育和管护，提高橡胶产出水平和质量。

2. 发展适度规模经营

加大“两区”范围内的新型经营主体培育力度，优化支持方向和领域，使其成为“两区”建设的骨干力量。以“两区”为平台，重点发展多种形式的适度规模经营，健全农村经营管理体系，加强对土地经营权流转和适度规模经营的管理服务。引导和支持“两区”范围内的经营主体根据市场需要，优化生产结构，加强粮食产后服务体系建设，增加绿色优质农产品供给。

3. 提高农业社会化服务水平

适应现代农业发展的要求，着力深化“两区”范围内的基层农技推广机构改革，抓紧构建覆盖全程、综合配套、便捷高效的农业社会化服务体系，提升农技推广和服务能力。以“两区”为重点，深入开展绿色高产高效创建，加快优良品种、高产栽培技术普及应用，提升农作物生产全程机械化水平，积极推广“互联网+”、物联网、云计算、大数据等现代信息技术。

四、切实强化“两区”监管

1. 依法保护“两区”

根据农业法、土地管理法、基本农田保护条例、农田水利条例等法律法规要求，完善“两区”保护相关制度，将宝贵的水土资源保护起来。各省（区、市）要根据当地实际需要，积极推动制定“两区”监管方面的地方性法规或政府规章。严格“两区”范围内永久基本农田管理，确保其数量不减少、质量不降低。

2. 落实管护责任

各省（区、市）要按照“谁使用、谁受益、谁管护”的原则，将“两区”地块的农业基础设施管护责任落实到经营主体，督促和指导经营主体加强设施管护。创新农田水利工程建管模式，鼓励农民、农村集体经济组织、农民用水合作组织、新型经营主体等参与建设、管理和运营。

3. 加强动态监测和信息共享

综合运用现代信息技术，建立“两区”监测监管体系，定期对“两区”范围内农作物品种和种植面积等进行动态监测，深入分析相关情况，实行精细化管理。建立“两区”信息报送制度，及时更新“两区”电子地图和数据库。建立健全数据安全保障机制，落实责任主体，在保证信息安全的前提下，开放“两区”电子地图和数据库接口，实现信息互通、资源共享。

4. 强化监督考核

农业农村部、国家发展改革委要会同国土资源部等部门结合粮食安全省长责任制，对各省（区、市）“两区”划定、建设和管护工作进行评价考核，评价考核结果与“两区”扶持政策相挂钩。各省（区、市）要切实抓好“两区”的监督检查，将相关工作作为地方政府绩效考评的重要内容，并建立绩效考核和责任追究制度。

五、加大对“两区”的政策支持

1. 增加基础设施建设投入

把“两区”作为农业固定资产投资安排的重点领域，现有的高标准农田、大中型灌区续建配套及节水改造等农业基础设施建设投资要积极向“两区”倾斜。创新“两区”建设投融资机制，吸引社会资本投入，加快建设步伐。

2. 完善财政支持政策

完善均衡性转移支付机制，健全粮食主产区利益补偿机制，逐步提高产粮大县人均财力保障水平。进一步优化财政支农结构，创新资金投入方式和运行机制，推进“两区”范围内各类涉农资金整合和统筹使用。率先在“两区”范围内建立以绿色生态为导向的农业补贴制度。

3. 创新金融支持政策

鼓励金融机构完善信贷管理机制，创新金融支农产品和服务，拓宽抵质押物范围，在符合条件的“两区”范围内探索开展粮食生产规模经营主体营销贷款试点，加大信贷支持。完善政府、银行、保险公司、担保机构联动机制，深化小额贷款保证保险试点，优先在“两区”范围内探索农产品价格和收入保险试点。推动“两区”农业保险全覆盖，健全大灾风险分散机制。

六、加强组织领导

1. 明确部门分工

国务院有关部门要加强指导、协调和监督检查，确保各项任务落实到位。国家发展改革委要会同有关部门做好统筹协调，适时组织第三方评估。财政部要会同有关部门加强财政补贴资金的统筹和整合，优化使用方向。农业农村部、国土资源部要会同有关部门确定各省（区、市）“两区”划定任务，制定相关划定、验收、评价考核操作规程和管理办法，做好上图入库工作。人民银行、银监会、保监会要创新和完善“两区”建设金融支持政策。

2. 落实地方责任

各省（区、市）人民政府对“两区”划定、建设和管护工作负总责，要成立由政府负责同志牵头、各有关部门参加的协调机制，逐级签订责任书，层层落实责任；要根据当地实际情况，细化制定具体实施办法、管理细则，出台相关配套政策，抓好工作落实。

第三节 加强高标准农田建设，提升国家粮食安全保障能力

建设高标准农田，是巩固和提高粮食生产能力、保障国家粮食安全的关键举措。为切实加强高标准农田建设，提升国家粮食安全保障能力，国务院提出以下意见。

一、建设高标准农田目标任务和基本原则

1. 目标任务

到 2020 年，全国建成 8 亿亩集中连片、旱涝保收、节水高

效、稳产高产、生态友好的高标准农田；到 2022 年，建成 10 亿亩高标准农田，以此稳定保障 5 000 亿千克以上粮食产能；到 2035 年，通过持续改造提升，全国高标准农田保有量进一步提高，不断夯实国家粮食安全保障基础。

2. 基本原则

夯实基础，确保产能。突出粮食和重要农产品优势区，着力完善农田基础设施，提升耕地质量，持续改善农业生产条件，稳步提高粮食生产能力，确保谷物基本自给、口粮绝对安全。因地制宜，综合治理。严守生态保护红线，依据自然资源禀赋和国土空间、水资源利用等规划，根据各地农业生产特征，科学确定高标准农田建设布局、标准和内容，推进田水林路电综合配套。依法严管，良田粮用。稳定农村土地承包关系，强化用途管控，实行最严格的保护措施，完善管护机制，确保长期发挥效益。建立健全激励和约束机制，支持高标准农田主要用于粮食生产。政府主导，多元参与。切实落实地方政府责任，持续加大资金投入，积极引导社会力量开展农田建设。鼓励农民和农村集体经济组织自主筹资投劳，参与农田建设和运营管理。

二、构建集中统一高效的管理新体制

1. 统一规划布局

开展高标准农田建设专项清查，全面摸清各地高标准农田数量、质量、分布和利用状况。结合国土空间、水资源利用等相关规划，修编全国高标准农田建设规划，形成国家、省、市、县四级农田建设规划体系，找准潜力区域，明确目标任务和建设布局，确定重大工程、重点项目和时序安排。把高效节水灌溉作为高标准农田建设重要内容，统筹规划，同步实施。在永久基本农田保护区、粮食生产功能区、重要农产品生产保护区，集中力量建设高标准农田。粮食主产区要立足打造粮食生产核心区，加快区域化整体推进高标准农田建设。粮食主销区和产销平衡区要加快建设一批高标准农田，保持粮食自给率。优先支持革命老区、贫困地区以及工作基础好的地区，建设高标准农田。

2. 统一建设标准

加快修订高标准农田建设通则，研究制定分区域、分类型的高标准农田建设标准及定额，健全耕地质量监测评价标准，构建农田建设标准体系。各省（区、市）可依据国家标准编制地方标准，因地制宜开展农田建设。完善高标准农田建设内容，统一规范工程建设、科技服务和建后管护等要求。综合考虑农业农村发展要求、市场价格变化等因素，适时调整建设内容和投资标准。在确保完成新增高标准农田建设任务的基础上，鼓励地方结合实际，对已建项目区进行改造提升。

3. 统一组织实施

及时分解落实高标准农田年度建设任务，同步发展高效节水灌溉。统筹整合各渠道农田建设资金，提升资金使用效益。规范开展项目前期准备、申报审批、招标投标、工程施工和监理、竣工验收、监督检查、移交管护等工作，实现农田建设项目集中统一高效管理。严格执行建设标准，确保建设质量。充分发挥农民主体作用，调动农民参与高标准农田建设积极性，尊重农民意愿，维护好农民权益。积极支持新型农业经营主体建设高标准农田，规范有序推进农业适度规模经营。

4. 统一验收考核

建立健全“定期调度、分析研判、通报约谈、奖优罚劣”的任务落实机制，确保年度建设任务如期保质保量完成。按照粮食安全省长责任制考核要求，进一步完善高标准农田建设评价制度。强化评价结果运用，对完成任务好的予以倾斜支持，对未完成任务的进行约谈处罚。严格按程序开展农田建设项目竣工验收和评价，向社会统一公示公告，接受社会和群众监督。

5. 统一上图入库

运用遥感监控等技术，建立农田管理大数据平台，以土地利用现状图为底图，全面承接高标准农田建设历史数据，统一标准规范、统一数据要求，把各级农田建设项目立项、实施、验收、使用等各阶段相关信息上图入库，建成全国农田建设“一张图”和监管系统，实现有据可查、全程监控、精准管理、资源共享。各地要加快完成高标准农田上图入库工作，有关部门要做好相关数据共享和对接移交等工作。

三、强化资金投入和机制创新

1. 加强财政投入保障

建立健全农田建设投入稳定增长机制。各地要优化财政支出结构，将农田建设作为重点事项，根据高标准农田建设任务、标准和成本变化，合理保障财政资金投入。加大土地出让收入对高标准农田建设的支持力度。各地要按规定及时落实地方支出责任，省级财政应承担地方财政投入的主要支出责任。鼓励有条件的地区在国家确定的投资标准基础上，进一步加大地方财政投入，提高项目投资标准。

2. 创新投融资模式

发挥政府投入引导和撬动作用，采取投资补助、以奖代补、财政贴息等多种方式支持高标准农田建设。鼓励地方政府有序引导金融和社会资本投入高标准农田建设。在严格规范政府债务管理的同时，鼓励开发性、政策性金融机构结合职能定位和业务范围支持高标准农田建设，引导商业金融机构加大信贷投放力度。完善政银担合作机制，加强与信贷担保等政策衔接。鼓励地方政府在债务限额内发行债券支持符合条件的高标准农田建设。有条件的地方在债券发行完成前，对预算已安排债券资金的项目可先行调度库款开展建设，债券发行后及时归垫。加强国际合作与交

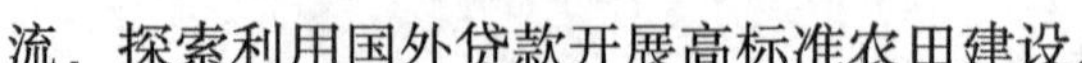

流，探索利用国外贷款开展高标准农田建设。

3. 完善新增耕地指标调剂收益使用机制

优化高标准农田建设新增耕地和新增产能的核定流程、核定办法。高标准农田建设新增耕地指标经核定后，及时纳入补充耕地指标库，在满足本区域耕地占补平衡需求的情况下，可用于跨区域耕地占补平衡调剂。加强新增耕地指标跨区域调剂统筹和收益调节分配，拓展高标准农田建设资金投入渠道。土地指标跨省域调剂收益要按规定用于增加高标准农田建设投入。各地要将省域内高标准农田建设新增耕地指标，调剂收益优先用于农田建设再投入和债券偿还、贴息等。

4. 加强示范引领

开展绿色农田建设示范，推动耕地质量保护提升、生态涵养、农业面源污染防治和田园生态改善有机融合，提升农田生态功能。选取一批土壤盐碱化、酸化、退化和工程性缺水等区域，针对农业生产存在的主要障碍因素，采取专项工程措施开展高标准农田建设，为相同类型区域高标准农田建设进行试验示范。在潜力大、基础条件好、积极性高的地区，推进高标准农田建设整县示范。

5. 健全工程管护机制

结合农村集体产权制度和农业水价综合改革，建立健全高标准农田管护机制，明确管护主体，落实管护责任。各地要建立农田建设项目管护经费合理保障机制，调动受益主体管护积极性，确保建成的工程设施正常运行。将建后管护落实情况纳入年度高标准农田建设评价范围。

四、保障措施

1. 加强组织领导

农田建设实行中央统筹、省负总责、市县抓落实、群众参与

的工作机制。强化省级政府一把手负总责、分管领导直接负责的责任制，抓好规划实施、任务落实、资金保障、监督评价和运营管护等工作。农业农村部门要全面履行好农田建设集中统一管理职责，发展改革、财政、自然资源、水利、人民银行、银保监等相关部门按照职责分工，密切配合，做好规划指导、资金投入、新增耕地核定、水资源利用和管理、金融支持等工作，协同推进高标准农田建设。同时，及时总结和推广好经验好做法，营造农田建设良好氛围。

2. 加大基础支撑

推进农田建设法规制度建设，制定完善项目管理、资金管理、监督评估和监测评价等办法。加强农田建设管理和技术服务体系队伍建设，重点配强县乡两级工作力量，与当地高标准农田建设任务相适应。围绕农田建设关键技术问题，开展科学研究，组织科技攻关。大力引进推广高标准农田建设先进实用技术，加强工程建设与农机农艺技术的集成和应用，推动科技创新与成果转化。加强农田建设行业管理服务，加大相关技术培训力度，提升农田建设管理技术水平。

3. 严格保护利用

对建成的高标准农田，要划为永久基本农田，实行特殊保护，防止“非农化”，任何单位和个人不得损毁、擅自占用或改变用途。严格耕地占用审批，经依法批准占用高标准农田的，要及时补充，确保高标准农田数量不减少、质量不降低。对水毁等自然损毁的高标准农田，要纳入年度建设任务，及时进行修复或补充。完善粮食主产区利益补偿机制和种粮激励政策，引导高标准农田集中用于重要农产品特别是粮食生产。探索合理耕作制度，实行用地养地相结合，加强后续培肥，防止地力下降。严禁将不达标污水排入农田，严禁将生活垃圾、工业废弃物等倾倒、排放、堆存到农田。

4. 加强风险防控

树立良好作风，强化廉政建设，严肃工作纪律，切实防范农田建设管理风险。加强对农田建设资金全过程绩效管理，科学设定绩效目标，做好绩效运行监控和评价，强化结果应用。加强工作指导，对发现的问题及时督促整改。严格跟踪问责，对履职不力、监管不严、失职渎职的，依法依规追究有关人员责任。

第三章　保护农业生态环境，确保农产品食品安全

第一节　深化改革加强食品安全工作

食品安全关系人民群众身体健康和生命安全，也关系中华民族的未来。党的“十九大”报告明确提出实施食品安全战略，让人民吃得放心。这是党中央着眼党和国家事业全局，对食品安全工作作出的重大部署，是决胜全面建成小康社会、全面建设社会主义现代化国家的重大任务。2019 年党中央、国务院关于就深化改革加强食品安全工作提出如下意见。

一、深刻认识食品安全面临的形势

党的“十八大”以来，以习近平同志为核心的党中央坚持以人民为中心的发展思想，从党和国家事业发展全局、实现中华民族伟大复兴中国梦的战略高度，把食品安全工作放在“五位一体”总体布局和“四个全面”战略布局中统筹谋划部署，在体制机制、法律法规、产业规划、监督管理等方面采取了一系列重大举措。各地区各部门认真贯彻党中央、国务院决策部署，食品产业快速发展，安全标准体系逐步健全，检验检测能力不断提高，全过程监管体系基本建立，重大食品安全风险得到控制，人民群众饮食安全得到保障，食品安全形势不断好转。

但是，我国食品安全工作仍面临不少困难和挑战，形势依然

复杂严峻。微生物和重金属污染、农药兽药残留超标、添加剂使用不规范、制假售假等问题时有发生，环境污染对食品安全的影响逐渐显现；违法成本低，维权成本高，法制不够健全，一些生产经营者唯利是图、主体责任意识不强；新业态、新资源潜在风险增多，国际贸易带来的食品安全问题加深；食品安全标准与最严谨标准要求尚有一定差距，风险监测评估预警等基础工作薄弱，基层监管力量和技术手段跟不上；一些地方对食品安全重视不够，责任落实不到位，安全与发展的矛盾仍然突出。这些问题影响到人民群众的获得感、幸福感、安全感，成为全面建成小康社会、全面建设社会主义现代化国家的明显短板。

人民日益增长的美好生活需要对加强食品安全工作提出了新的更高要求；推进国家治理体系和治理能力现代化，推动高质量发展，实施健康中国战略和乡村振兴战略，为解决食品安全问题提供了前所未有的历史机遇。必须深化改革创新，用最严谨的标准、最严格的监管、最严厉的处罚、最严肃的问责，进一步加强食品安全工作，确保人民群众“舌尖上的安全”。

二、总体要求

1. 指导思想

以习近平新时代中国特色社会主义思想为指导，全面贯彻党的“十九大”和十九届二中、三中全会精神，坚持和加强党的全面领导，坚持以人民为中心的发展思想，紧紧围绕统筹推进“五位一体”总体布局和协调推进“四个全面”战略布局，坚持稳中求进工作总基调，坚持新发展理念，遵循“四个最严”要求，建立食品安全现代化治理体系，提高从农田到餐桌全过程监管能力，提升食品全链条质量安全保障水平，增强广大人民群众的获得感、幸福感、安全感，为实现“两个一百年”奋斗目标和中华民族伟大复兴的中国梦奠定坚实基础。

2. 基本原则

(1) 坚持安全第一。把保障人民群众食品安全放在首位，坚守安全底线，正确处理安全与发展的关系，促一方发展，保一方安全。

(2) 坚持问题导向。以维护和促进公众健康为目标，从解决人民群众普遍关心的突出问题入手，标本兼治、综合施策，不断增强人民群众的安全感和满意度。

(3) 坚持预防为主。牢固树立风险防范意识，强化风险监测、风险评估和供应链管理，提高风险发现与处置能力。坚持“产”出来和“管”出来两手抓，落实生产经营者主体责任，最大限度消除不安全风险。

(4) 坚持依法监管。强化法治理念，健全法规制度、标准体系，重典治乱，加大检查执法力度，依法从严惩处违法犯罪行为，严把从农田到餐桌的每一道防线。

(5) 坚持改革创新。深化监管体制机制改革，创新监管理念、监管方式，堵塞漏洞、补齐短板，推进食品安全领域国家治理体系和治理能力现代化。

(6) 坚持共治共享。生产经营者自觉履行主体责任，政府部门依法加强监管，公众积极参与社会监督，形成各方各尽其责、齐抓共管、合力共治的工作格局。

3. 总体目标

到 2020 年，基于风险分析和供应链管理的食品安全监管体系初步建立。农产品和食品抽检量达到 4 批次/千人，主要农产品质量安全监测总体合格率稳定在 97%以上，食品抽检合格率稳定在 98%以上，区域性、系统性重大食品安全风险基本得到控制，公众对食品安全的安全感、满意度进一步提高，食品安全整体水平与全面建成小康社会目标基本相适应。

到 2035 年，基本实现食品安全领域国家治理体系和治理能力现代化。食品安全标准水平进入世界前列，产地环境污染得到有效治理，生产经营者责任意识、诚信意识和食品质量安全管理水平明显提高，经济利益驱动型食品安全违法犯罪明显减少。食品安全风险管控能力达到国际先进水平，从农田到餐桌全过程监管体系运行有效，食品安全状况实现根本好转，人民群众吃得健康、吃得放心。

三、建立最严谨的标准

1. 加快制订修订标准

立足国情、对接国际，加快制订修订农药残留、兽药残留、重金属、食品污染物、致病性微生物等食品安全通用标准，到2020年农药兽药残留限量指标达到1万项，基本与国际食品法典标准接轨。加快制订修订产业发展和监管急需的食品安全基础标准、产品标准、配套检验方法标准。完善食品添加剂、食品相关产品等标准制定。同时，及时修订完善食品标签等标准。

2. 创新标准工作机制

借鉴和转化国际食品安全标准，简化优化食品安全国家标准制订修订流程，加快制订修订进度。完善食品中有害物质的临时限量值制定机制。建立企业标准公开承诺制度，完善配套管理制度，鼓励企业制定实施严于国家标准或地方标准的企业标准。支持各方参与食品安全国家标准制订修订，积极参与国际食品法典标准制定，积极参与国际新兴危害因素的评估分析与管理决策。

3. 强化标准实施

加大食品安全标准解释、宣传贯彻和培训力度，督促食品生产经营者准确理解和应用食品安全标准，维护食品安全标准的强制性。对食品安全标准的使用进行跟踪评价，充分发挥食品安全标准保障食品安全、促进产业发展的基础作用。

四、实施最严格的监管

1. 严把产地环境安全关

实施耕地土壤环境治理保护重大工程。强化土壤污染管控和修复，开展重点地区涉重金属行业污染土壤风险排查和整治。强化大气污染治理，加大重点行业挥发性有机物治理力度。加强流域水污染防治工作。

2. 严把农业投入品生产使用关

严格执行农药兽药、饲料添加剂等农业投入品生产和使用规定，严禁使用国家明令禁止的农业投入品，严格落实定点经营和实名购买制度。将高毒农药禁用范围逐步扩大到所有食用农产品。落实农业生产经营记录制度、农业投入品使用记录制度，指导农户严格执行农药安全间隔期、兽药休药期有关规定，防范农药兽药残留超标。

3. 严把粮食收储质量安全关

做好粮食收购企业资格审核管理，督促企业严格落实出入厂（库）和库存质量检验制度，积极探索建立质量追溯制度，加强烘干、存储和检验监测能力建设，为农户提供粮食烘干存储服务，防止发霉变质受损。健全超标粮食收购处置长效机制，推进无害化处理和资源合理化利用，严禁不符合食品安全标准的粮食流入口粮市场和食品生产企业。

4. 严把食品加工质量安全关

实行生产企业食品安全风险分级管理，在日常监督检查全覆盖基础上，对一般风险企业实施按比例“双随机”抽查，对高风险企业实施重点检查，对问题线索企业实施飞行检查，督促企业生产过程持续合规。加强保健食品等特殊食品监管。将体系检查从婴幼儿配方乳粉逐步扩大到高风险大宗消费食品，着力解决生产过程不合规、非法添加、超范围超限量使用食品添加剂等问题。

5. 严把流通销售质量安全关

建立覆盖基地贮藏、物流配送、市场批发、销售终端全链条的冷链配送系统，严格执行全过程温控标准和规范，落实食品运输在途监管责任，鼓励使用温控标签，防止食物脱冷变质。督促企业严格执行进货查验记录制度和保质期标志等规定，严查临期、过期食品翻新销售。严格执行畜禽屠宰检验检疫制度。加强食品集中交易市场监管，强化农产品产地准出和市场准入衔接。

6. 严把餐饮服务质量安全关

全面落实餐饮服务食品安全操作规范，严格执行进货查验、加工操作、清洗消毒、人员管理等规定。集体用餐单位要建立稳定的食材供应渠道和追溯记录，保证购进原料符合食品安全标准。严格落实网络订餐平台责任，保证线上线下餐饮同标同质，保证一次性餐具制品质量安全，所有提供网上订餐服务的餐饮单位必须有实体店经营资格。

五、实行最严厉的处罚

1. 完善法律法规

研究修订食品安全法及其配套法规制度，修订完善刑法中危害食品安全犯罪和刑罚规定，加快修订农产品质量安全法，研究制定粮食安全保障法，推动农产品追溯入法。加快完善办理危害食品安全刑事案件的司法解释，推动危害食品安全的制假售假行为“直接入刑”。推动建立食品安全司法鉴定制度，明确证据衔接规则、涉案食品检验认定与处置协作配合机制、检验认定时限和费用等有关规定。加快完善食品安全民事纠纷案件司法解释，依法严肃追究故意违法者的民事赔偿责任。

2. 严厉打击违法犯罪

落实“处罚到人”要求，综合运用各种法律手段，对违法企业及其法定代表人、实际控制人、主要负责人等直接负责的主管人员和其他直接责任人员进行严厉处罚，大幅提高违法成本，实行食品行业从业禁止、终身禁业，对再犯从严从重进行处罚。严厉打击刑事犯罪，对情节严重、影响恶劣的危害食品安全刑事案件依法从重判罚。加强行政执法与刑事司法衔接，行政执法机关发现涉嫌犯罪、依法需要追究刑事责任的，依据行刑衔接有关规定及时移送公安机关，同时，抄送检察机关；发现涉嫌职务犯罪线索的，及时移送监察机关。积极完善食品安全民事和行政公益诉讼，做好与民事和行政诉讼的衔接与配合，探索建立食品安全民事公益诉讼惩罚性赔偿制度。

3. 加强基层综合执法

深化综合执法改革，加强基层综合执法队伍和能力建设，确保有足够资源履行食品安全监管职责。县级市场监管部门及其在乡镇（街道）的派出机构，要以食品安全为首要职责，执法力量向一线岗位倾斜，完善工作流程，提高执法效率。农业综合执法要把保障农产品质量安全作为重点任务。加强执法力量和装备配备，确保执法监管工作落实到位。公安部、农业农村部、市场监管局等部门要落实重大案件联合督办制度，按照国家有关规定，对贡献突出的单位和个人进行表彰奖励。

4. 强化信用联合惩戒

推进食品工业企业诚信体系建设。建立全国统一的食品生产经营企业信用档案，纳入全国信用信息共享平台和国家企业信用信息公示系统。实行食品生产经营企业信用分级分类管理。进一步完善食品安全严重失信者名单认定机制，加大对失信人员联合惩戒力度。

六、坚持最严肃的问责

1. 明确监管事权

各省、自治区、直辖市政府要结合实际，依法依规制定食品安全监管事权清单，压实各职能部门在食品安全工作中的行业管理责任。对产品风险高、影响区域广的生产企业监督检查，对重大复杂案件查处和跨区域执法，原则上由省级监管部门负责组织和协调，市县两级监管部门配合，也可实行委托监管、指定监管、派驻监管等制度，确保监管到位。市县两级原则上承担辖区内直接面向市场主体、直接面向消费者的食品生产经营监管和执法事项，保护消费者合法权益。上级监管部门要加强对下级监管部门的监督管理。

2. 加强评议考核

完善对地方党委和政府食品安全工作评议考核制度，将食品安全工作考核结果作为党政领导班子和领导干部综合考核评价的重要内容，作为干部奖惩和使用、调整的重要参考。对考核达不到要求的，约谈地方党政主要负责人，并督促限期整改。

3. 严格责任追究

依照监管事权清单，尽职照单免责、失职照单问责。对贯彻落实党中央、国务院有关食品安全工作决策部署不力、履行职责不力、给国家和人民利益造成严重损害的，依规依纪依法追究相关领导责任。对监管工作中失职失责、不作为、乱作为、慢作为、假作为的，依规依纪依法追究相关人员责任；涉嫌犯罪的，依法追究刑事责任。对参与、包庇、放纵危害食品安全违法犯罪行为，弄虚作假、干扰责任调查，帮助伪造、隐匿、毁灭证据的，依法从重追究法律责任。

七、落实生产经营者主体责任

1. 落实质量安全管理责任

生产经营者是食品安全第一责任人，要结合实际设立食品质量安全管理岗位，配备专业技术人员，严格执行法律法规、标准规范等要求，确保生产经营过程持续合规，确保产品符合食品安全标准。食品质量安全管理岗位人员的法规知识抽查考核合格率要达到90%以上。风险高的大型食品企业要率先建立和实施危害分析和关键控制点体系。保健食品生产经营者要严格落实质量安全主体责任，加强全面质量管理，规范生产行为，确保产品功能真实有效。

2. 加强生产经营过程控制

食品生产经营者应当依法对食品安全责任落实情况、食品安全状况进行自查评价。对生产经营条件不符合食品安全要求的，要立即采取整改措施；发现存在食品安全风险的，应当立即停止生产经营活动，并及时报告属地监管部门。要主动监测其上市产品质量安全状况，对存在隐患的，要及时采取风险控制措施。食品生产企业自查报告率要达到90%以上。

3. 建立食品安全追溯体系

食用农产品生产经营主体和食品生产企业对其产品追溯负责，依法建立食品安全追溯体系，确保记录真实完整，确保产品来源可查、去向可追。国家建立统一的食用农产品追溯平台，建立食用农产品和食品安全追溯标准和规范，完善全程追溯协作机制。加强全程追溯的示范推广，逐步实现企业信息化追溯体系与政府部门监管平台、重要产品追溯管理平台对接，接受政府监督，互通互享信息。

4. 积极投保食品安全责任保险

因食品安全问题造成损害的，食品生产经营者要依法承担赔偿责任。推进肉蛋奶和白酒生产企业、集体用餐单位、农村集体聚餐、大宗食品配送单位、中央厨房和配餐单位主动购买食品安全责任保险，有条件的中小企业要积极投保食品安全责任保险，发挥保险的他律作用和风险分担机制。

八、推动食品产业高质量发展

1. 改革许可认证制度

坚持"放管服"相结合，减少制度性交易成本。推进农产品认证制度改革，加快建立食用农产品合格证制度。深化食品生产经营许可改革，优化许可程序，实现全程电子化。推进保健食品注册与备案双轨运行，探索对食品添加剂经营实行备案管理。制定完善食品新业态、新模式监管制度。利用现有相关信息系统，实现全国范围内食品生产经营许可信息可查询。

2. 实施质量兴农计划

以乡村振兴战略为引领，以优质安全、绿色发展为目标，推动农业由增产导向转向提质导向。全面推行良好农业规范。创建农业标准化示范区。实施农业品牌提升行动。培育新型农业生产服务主体，推广面向适度规模经营主体特别是小农户的病虫害统防统治专业化服务，逐步减少自行使用农药兽药的农户。

3. 推动食品产业转型升级

调整优化食品产业布局，鼓励企业获得认证认可，实施增品种、提品质、创品牌行动。引导食品企业延伸产业链条，建立优质原料生产基地及配套设施，加强与电商平台深度融合，打造有影响力的百年品牌。大力发展专业化、规模化冷链物流企业，保障生鲜食品流通环节质量安全。

4. 加大科技支撑力度

将食品安全纳入国家科技计划，加强食品安全领域的科技创新，引导食品企业加大科研投入，完善科技成果转化应用机制。

建设一批国际一流的食品安全技术支撑机构和重点实验室，加快引进培养高层次人才和高水平创新团队，重点突破“卡脖子”关键技术。依托国家级专业技术机构，开展基础科学和前沿科学研究，提高食品安全风险发现和防范能力。

九、提高食品安全风险管理能力

1. 加强协调配合

完善统一领导、分工负责、分级管理的食品安全监管体制，地方各级党委和政府对本地区食品安全工作负总责。相关职能部门要各司其职、齐抓共管，健全工作协调联动机制，加强跨地区协作配合，发现问题迅速处置，并及时通报上游查明原因、下游控制危害。在城市社区和农村建立专兼职食品安全信息员（协管员）队伍，充分发挥群众监督作用。

2. 提高监管队伍专业化水平

强化培训和考核，依托现有资源加强职业化检查队伍建设，提高检查人员专业技能，及时发现和处置风险隐患。完善专业院校课程设置，加强食品学科建设和人才培养。加大公安机关打击食品安全犯罪专业力量、专业装备建设力度。

3. 加强技术支撑能力建设

推进国家级、省级食品安全专业技术机构能力建设，提升食品安全标准、监测、评估、监管、应急等工作水平。根据标准分类加快建设 7 个食品安全风险评估与标准研制重点实验室。健全以国家级检验机构为龙头，省级检验机构为骨干，市、县两级检验机构为基础的食品和农产品质量安全检验检测体系，打造国际一流的国家检验检测平台，落实各级食品和农产品检验机构能力和装备配备标准。严格检验机构资质认定管理、跟踪评价和能力验证，发展社会检验力量。

4. 推进“互联网+食品”监管

建立基于大数据分析的食品安全信息平台，推进大数据、云计算、物联网、人工智能、区块链等技术在食品安全监管领域的应用，实施智慧监管，逐步实现食品安全违法犯罪线索网上排查汇聚和案件网上移送、网上受理、网上监督，提升监管工作信息化水平。

5. 完善问题导向的抽检监测机制

国家、省、市、县抽检事权四级统筹、各有侧重、不重不漏，统一制订计划、统一组织实施、统一数据报送、统一结果利用，力争抽检样品覆盖到所有农产品和食品企业、品种、项目，到2020年达到4批次/千人。逐步将监督抽检、风险监测与评价性抽检分离，提高监管的靶向性。完善抽检监测信息通报机制，依法及时公开抽检信息，加强不合格产品的核查处置，控制产品风险。

6. 强化突发事件应急处置

修订国家食品安全事故应急预案，完善事故调查、处置、报告、信息发布工作程序。完善食品安全事件预警监测、组织指挥、应急保障、信息报告制度和工作体系，提升应急响应、现场处置、医疗救治能力。加强舆情监测，建立重大舆情收集、分析研判和快速响应机制。

十、推进食品安全社会共治

1. 加强风险交流

主动发布权威信息，及时开展风险解读，鼓励研究机构、高校、协会、媒体等参与食品安全风险交流，科学解疑释惑。鼓励企业通过新闻媒体、网络平台等方式直接回应消费者咨询。建立谣言抓取、识别、分析、处置智能化平台，依法坚决打击造谣传谣、欺诈和虚假宣传行为。

2. 强化普法和科普宣传

落实“谁执法谁普法”普法责任制，对各类从事食品生产经营活动的单位和个人，持续加强食品安全法律法规、国家标准、科学知识的宣传教育。在中小学开展食品安全与营养教育，有条件的主流媒体可开办食品安全栏目，持续开展“食品安全宣传周”和食品安全进农村、进校园、进企业、进社区等宣传活动，提升公众食品安全素养，改变不洁饮食习俗，避免误采误食，防止发生食源性疾病。普及健康知识，倡导合理膳食，开展营养均衡配餐示范推广，提倡“减盐、减油、减糖”。

3. 鼓励社会监督

依法公开行政监管和处罚的标准、依据、结果，接受社会监督。支持行业协会建立行规行约和奖惩机制，强化行业自律。鼓励新闻媒体准确客观报道食品安全问题，有序开展食品安全舆论监督。

4. 完善投诉举报机制

畅通投诉举报渠道，落实举报奖励制度。鼓励企业内部知情人举报食品研发、生产、销售等环节中的违法犯罪行为，经查证属实的，按照有关规定给予奖励。加强对举报人的保护，对打击报复举报人的，要依法严肃查处。对恶意举报非法牟利的行为，要依法严厉打击。

十一、开展食品安全放心工程建设攻坚行动

围绕人民群众普遍关心的突出问题，开展食品安全放心工程建设攻坚行动，用5年左右时间，以点带面治理“餐桌污染”，力争取得明显成效。

1. 实施风险评估和标准制定专项行动

系统开展食物消费量调查、总膳食研究、毒理学研究等基础性工作，完善风险评估基础数据库。加强食源性疾病、食品中有

害物质、环境污染物、食品相关产品等风险监测，系统开展食品中主要危害因素的风险评估，建立更加适用于我国居民的健康指导值。按照最严谨要求和现阶段实际，制订实施计划，加快推进内外销食品标准互补和协调，促进国民健康公平。

2. 实施农药兽药使用减量和产地环境净化行动

开展高毒高风险农药淘汰工作，5 年内分期分批淘汰现存的 10 种高毒农药。实施化肥农药减量增效行动、水产养殖用药减量行动、兽药抗菌药治理行动，遏制农药兽药残留超标问题。加强耕地土壤环境类别划分和重金属污染区耕地风险管控与修复，重度污染区域要加快退出食用农产品种植。

3. 实施国产婴幼儿配方乳粉提升行动

在婴幼儿配方乳粉生产企业全面实施良好生产规范、危害分析和关键控制点体系，自查报告率要达到 100%。完善企业批批全检的检验制度，健全安全生产规范体系检查常态化机制。禁止使用进口大包装婴幼儿配方乳粉到境内分装，规范标志标注。支持婴幼儿配方乳粉企业兼并重组，建设自有自控奶源基地，严格奶牛养殖饲料、兽药管理。促进奶源基地实行专业化、规模化、智能化生产，提高原料奶质量。发挥骨干企业引领作用，加大产品研发力度，培育优质品牌。力争 3 年内显著提升国产婴幼儿配方乳粉的品质、竞争力和美誉度。

4. 实施校园食品安全守护行动

严格落实学校食品安全校长（园长）负责制，保证校园食品安全，防范发生群体性食源性疾病事件。全面推行“明厨亮灶”，实行大宗食品公开招标、集中定点采购，建立学校相关负责人陪餐制度，鼓励家长参与监督。对学校食堂、学生集体用餐配送单位、校园周边餐饮门店及食品销售单位实行全覆盖监督检查。落实好农村义务教育学生营养改善计划，保证学生营养餐质量。

5. 实施农村假冒伪劣食品治理行动

以农村地区、城乡结合部为主战场，全面清理食品生产经营主体资格，严厉打击制售“三无”食品、假冒食品、劣质食品、过期食品等违法违规行为，坚决取缔“黑工厂”“黑窝点”和“黑作坊”，实现风险隐患排查整治常态化。用2~3年时间，建立规范的农村食品流通供应体系，净化农村消费市场，提高农村食品安全保障水平。

6. 实施餐饮质量安全提升行动

推广“明厨亮灶”、餐饮安全风险分级管理，支持餐饮服务企业发展连锁经营和中央厨房，提升餐饮行业标准化水平，规范快餐、团餐等大众餐饮服务。鼓励餐饮外卖对配送食品进行封签，使用环保可降解的容器包装。大力推进餐厨废弃物资源化利用和无害化处理，防范“地沟油”流入餐桌。开展餐饮门店“厕所革命”，改善就餐环境卫生。

7. 实施保健食品行业专项清理整治行动

全面开展严厉打击保健食品欺诈和虚假宣传、虚假广告等违法犯罪行为。广泛开展以老年人识骗、防骗为主要内容的宣传教育活动。加大联合执法力度，大力整治保健食品市场经营秩序，严厉查处各种非法销售保健食品行为，打击传销。完善保健食品标准和标签标志管理。做好消费者维权服务工作。

8. 实施“优质粮食工程”行动

完善粮食质量安全检验监测体系，健全为农户提供专业化社会化粮食产后烘干储存销售服务体系。开展“中国好粮油”行动，提高绿色优质安全粮油产品供给水平。

9. 实施进口食品“国门守护”行动

将进口食品的境外生产经营企业、国内进口企业等纳入海关信用管理体系，实施差别化监管，开展科学有效的进口食品监督抽检和风险监控，完善企业信用管理、风险预警、产品追溯和快速反应机制，落实跨境电商零售进口监管政策，严防输入型食品安全风险。建立多双边国际合作信息通报机制、跨境检查执法协作机制，共同防控食品安全风险。严厉打击食品走私行为。

10. 实施“双安双创”示范引领行动

发挥地方党委和政府积极性，持续开展食品安全示范城市创建和农产品质量安全县创建活动，总结推广经验，落实属地管理责任和生产经营者主体责任。

十二、加强组织领导

1. 落实党政同责

地方各级党委和政府要把食品安全作为一项重大政治任务来抓。落实《地方党政领导干部食品安全责任制规定》，明确党委和政府主要负责人为第一责任人，自觉履行组织领导和督促落实食品安全属地管理责任，确保不发生重大食品安全事件。强化各级食品安全委员会及其办公室统筹协调作用，及时研究部署食品安全工作，协调解决跨部门跨地区重大问题。各有关部门要按照管行业必须管安全的要求，对主管领域的食品安全工作承担管理责任。各级农业农村、海关、市场监管等部门要压实监管责任，加强全链条、全流程监管。各地区各有关部门每年 12 月底前要向党中央、国务院报告食品安全工作情况。

2. 加大投入保障

健全食品和农产品质量安全财政投入保障机制，将食品和农产品质量安全工作所需经费列入同级财政预算，保障必要的监管执法条件。企业要加大食品质量安全管理方面的投入，鼓励社会资本进入食品安全专业化服务领域，构建多元化投入保障机制。

3. 激励干部担当

加强监管队伍思想政治建设，增强“四个意识”，坚定“四个自信”，做到“两个维护”，忠实履行监管职责，敢于同危害

食品安全的不法行为作斗争。各级党委和政府要关心爱护一线监管执法干部，建立健全容错纠错机制，为敢于担当作为的干部撑腰鼓劲。对在食品安全工作中作出突出贡献的单位和个人，按照国家有关规定给予表彰奖励，激励广大监管干部为党和人民干事创业、建功立业。

4. 强化组织实施

各地区各有关部门要根据本意见提出的改革任务和工作要求，结合实际认真研究制定具体措施，明确时间表、路线图、责任人，确保各项改革举措落实到位。国务院食品安全委员会办公室要会同有关部门建立协调机制，加强沟通会商，研究解决实施中遇到的问题。要严格督查督办，将实施情况纳入对地方政府食品安全工作督查考评内容，确保各项任务落实到位。

第二节 创新体制机制推进农业绿色发展

推进农业绿色发展，是贯彻新发展理念、推进农业供给侧结构性改革的必然要求，是加快农业现代化、促进农业可持续发展的重大举措，是守住绿水青山、建设美丽中国的时代担当，对保障国家食物安全、资源安全和生态安全，维系当代人福祉和保障子孙后代永续发展具有重大意义。为创新体制机制，推进农业绿色发展，中共中央办公厅、国务院办公厅印发了《关于创新体制机制推进农业绿色发展的意见》，内容如下。

一、推进农业绿色发展总体要求

1. 指导思想

以绿水青山就是金山银山理念为指引，以资源环境承载力为基准，以推进农业供给侧结构性改革为主线，尊重农业发展规律，强化改革创新、激励约束和政府监管，转变农业发展方式，

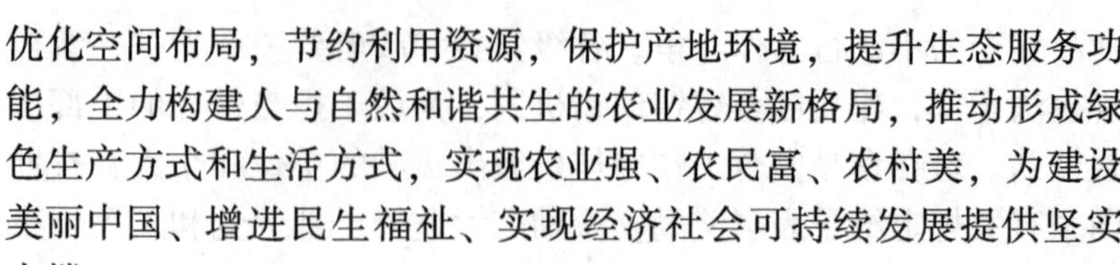

优化空间布局，节约利用资源，保护产地环境，提升生态服务功能，全力构建人与自然和谐共生的农业发展新格局，推动形成绿色生产方式和生活方式，实现农业强、农民富、农村美，为建设美丽中国、增进民生福祉、实现经济社会可持续发展提供坚实支撑。

2. 基本原则

坚持以空间优化、资源节约、环境友好、生态稳定为基本路径。牢固树立节约集约循环利用的资源观，把保护生态环境放在优先位置，落实构建生态功能保障基线、环境质量安全底线、自然资源利用上线的要求，防止将农业生产与生态建设对立，把绿色发展导向贯穿农业发展全过程。坚持以粮食安全、绿色供给、农民增收为基本任务。突出保供给、保收入、保生态的协调统一，保障国家粮食安全，增加绿色优质农产品供给，构建绿色发展产业链价值链，提升质量效益和竞争力，变绿色为效益，促进农民增收，助力脱贫攻坚。坚持以制度创新、政策创新、科技创新为基本动力。全面深化改革，构建以资源管控、环境监控和产业准入负面清单为主要内容的农业绿色发展制度体系，科学适度有序的农业空间布局体系，绿色循环发展的农业产业体系，以绿色生态为导向的政策支持体系和科技创新推广体系，全面激活农业绿色发展的内生动力。坚持以农民主体、市场主导、政府依法监管为基本遵循。既要明确生产经营者主体责任，又要通过市场引导和政府支持，调动广大农民参与绿色发展的积极性，推动实现资源有偿使用、环境保护有责、生态功能改善激励、产品优质优价。加大政府支持和执法监管力度，形成保护有奖、违法必究的明确导向。

3. 目标任务

把农业绿色发展摆在生态文明建设全局的突出位置，全面建立以绿色生态为导向的制度体系，基本形成与资源环境承载力相

匹配、与生产生活生态相协调的农业发展格局，努力实现耕地数量不减少、耕地质量不降低、地下水不超采，化肥、农药使用量零增长，秸秆、畜禽粪污、农膜全利用，实现农业可持续发展、农民生活更加富裕、乡村更加美丽宜居。

（1）资源利用更加节约高效。到 2020 年，严守 18.65 亿亩耕地红线，全国耕地质量平均比 2015 年提高 0.5 个等级，农田灌溉水有效利用系数提高到 0.55 以上。到 2030 年，全国耕地质量水平和农业用水效率进一步提高。

（2）产地环境更加清洁。到 2020 年，主要农作物化肥、农药使用量实现零增长，化肥、农药利用率达到 40%；秸秆综合利用率达到 85%，养殖废弃物综合利用率达到 75%，农膜回收率达到 80%。到 2030 年，化肥、农药利用率进一步提升，农业废弃物全面实现资源化利用。

（3）生态系统更加稳定。到 2020 年，全国森林覆盖率达到 23% 以上，湿地面积不低于 8 亿亩，基本农田林网控制率达到 95%，草原综合植被盖度达到 56%。到 2030 年，田园、草原、森林、湿地、水域生态系统进一步改善。

（4）绿色供给能力明显提升。到 2020 年，全国粮食（谷物）综合生产能力稳定在 5.5 亿吨以上，农产品质量安全水平和品牌农产品占比明显提升，休闲农业和乡村旅游加快发展。到 2030 年，农产品供给更加优质安全，农业生态服务能力进一步提高。

二、优化农业主体功能与空间布局

1. 落实农业功能区制度

大力实施国家主体功能区战略，依托全国农业可持续发展规划和优势农产品区域布局规划，立足水土资源匹配性，将农业发展区域细划为优化发展区、适度发展区、保护发展区，明确区域

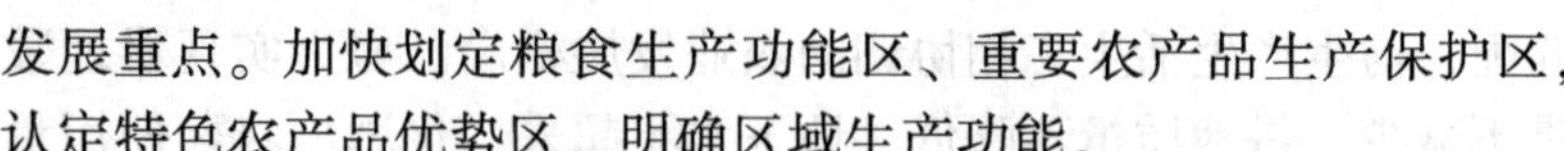

发展重点。加快划定粮食生产功能区、重要农产品生产保护区，认定特色农产品优势区，明确区域生产功能。

2. 建立农业生产力布局制度

围绕解决空间布局上资源错配和供给错位的结构性矛盾，努力建立反映市场供求与资源稀缺程度的农业生产力布局，鼓励因地制宜、就地生产、就近供应，建立主要农产品生产布局定期监测和动态调整机制。在优化发展区更好发挥资源优势，提升重要农产品生产能力；在适度发展区加快调整农业结构，限制资源消耗大的产业规模；在保护发展区坚持保护优先、限制开发，加大生态建设力度，实现保供给与保生态有机统一。完善粮食主产区利益补偿机制，健全粮食产销协作机制，推动粮食产销横向利益补偿。鼓励地方积极开展试验示范、农垦率先示范，提高军地农业绿色发展水平。推进国家农业可持续发展试验示范区创建，同时，成为农业绿色发展的试点先行区。

3. 完善农业资源环境管控制度

强化耕地、草原、渔业水域、湿地等用途管控，严控围湖造田、滥垦滥占草原等不合理开发建设活动对资源环境的破坏。坚持最严格的耕地保护制度，全面落实永久基本农田特殊保护政策措施。以县为单位，针对农业资源与生态环境突出问题，建立农业产业准入负面清单制度，因地制宜制定禁止和限制发展产业目录，明确种植业、养殖业发展方向和开发强度，强化准入管理和底线约束，分类推进重点地区资源保护和严重污染地区治理。

4. 建立农业绿色循环低碳生产制度

在华北、西北等地下水过度利用区适度压减高耗水作物，在东北地区严格控制旱改水，选育推广节肥、节水、抗病新品种。以土地消纳粪污能力确定养殖规模，引导畜牧业生产向环境容量大的地区转移，科学合理划定禁养区，适度调减南方水网地区养殖总量。禁养区划定减少的畜禽规模养殖用地，可在适宜养殖区

域按有关规定及时予以安排，并强化服务。实施动物疫病净化计划，推动动物疫病防控从有效控制到逐步净化消灭转变。推行水产健康养殖制度，合理确定湖泊、水库、滩涂、近岸海域等养殖规模和养殖密度，逐步减少河流湖库、近岸海域投饵网箱养殖，防控水产养殖污染。建立低碳、低耗、循环、高效的加工流通体系。探索区域农业循环利用机制，实施粮经饲统筹、种养加结合、农林牧渔融合循环发展。

5. 建立贫困地区农业绿色开发机制

立足贫困地区资源禀赋，坚持保护环境优先，因地制宜选择有资源优势的特色产业，推进产业精准扶贫。把贫困地区生态环境优势转化为经济优势，推行绿色生产方式，大力发展绿色、有机和地理标志优质特色农产品，支持创建区域品牌；推进一、二、三产融合发展，发挥生态资源优势，发展休闲农业和乡村旅游，带动贫困农户脱贫致富。

三、强化资源保护与节约利用

1. 建立耕地轮作休耕制度

推动用地与养地相结合，集成推广绿色生产、综合治理的技术模式，在确保国家粮食安全和农民收入稳定增长的前提下，对土壤污染严重、区域生态功能退化、可利用水资源匮乏等不宜连续耕作的农田实行轮作休耕。降低耕地利用强度，落实东北黑土地保护制度，管控西北内陆、沿海滩涂等区域开垦耕地行为。全面建立耕地质量监测和等级评价制度，明确经营者耕地保护主体责任。实施土地整治，推进高标准农田建设。

2. 建立节约高效的农业用水制度

推行农业灌溉用水总量控制和定额管理。强化农业取水许可管理，严格控制地下水利用，加大地下水超采治理力度。全面推进农业水价综合改革，按照总体不增加农民负担的原则，加快建立合理农业水价形成机制和节水激励机制，切实保护农民合理用水权益，提高农民有偿用水意识和节水积极性。突出农艺节水和工程节水措施，推广水肥一体化及喷灌、微灌、管道输水灌溉等农业节水技术，健全基层节水农业技术推广服务体系。充分利用天然降水，积极有序发展雨养农业。

3. 健全农业生物资源保护与利用体系

加强动植物种质资源保护利用，加快国家种质资源库、畜禽水产基因库和资源保护场（区、圃）规划建设，推进种质资源收集保存、鉴定和育种，全面普查农作物种质资源。加强野生动植物自然保护区建设，推进濒危野生植物资源原生境保护、移植保存和人工繁育。实施生物多样性保护重大工程，开展濒危野生动植物物种调查和专项救护，实施珍稀濒危水生生物保护行动计划和长江珍稀特有水生生物拯救工程。加强海洋渔业资源调查研究能力建设。完善外来物种风险监测评估与防控机制，建设生物天敌繁育基地和关键区域生物入侵阻隔带，扩大生物替代防治示范技术试点规模。

四、加强产地环境保护与治理

1. 建立工业和城镇污染向农业转移防控机制

制定农田污染控制标准，建立监测体系，严格工业和城镇污染物处理和达标排放，依法禁止未经处理达标的工业和城镇污染物进入农田、养殖水域等农业区域。强化经常性执法监管制度建设。出台耕地土壤污染治理及效果评价标准，开展污染耕地分类治理。

2. 健全农业投入品减量使用制度

继续实施化肥农药使用量零增长行动，推广有机肥替代化肥、测土配方施肥，强化病虫害统防统治和全程绿色防控。完善农药风险评估技术标准体系，加快实施高剧毒农药替代计划。规

范限量使用饲料添加剂，减量使用兽用抗菌药物。建立农业投入品电子追溯制度，严格农业投入品生产和使用管理，支持低消耗、低残留、低污染农业投入品生产。

3. 完善秸秆和畜禽粪污等资源化利用制度

严格依法落实秸秆禁烧制度，整县推进秸秆全量化综合利用，优先开展就地还田。推进秸秆发电并网运行和全额保障性收购，开展秸秆高值化、产业化利用，落实好沼气、秸秆等可再生能源电价政策。开展尾菜、农产品加工副产物资源化利用。以沼气和生物天然气为主要处理方向，以农用有机肥和农村能源为主要利用方向，强化畜禽粪污资源化利用，依法落实规模养殖环境评价准入制度，明确地方政府属地责任和规模养殖场主体责任。依据土地利用规划，积极保障秸秆和畜禽粪污资源化利用用地。健全病死畜禽无害化处理体系，引导病死畜禽集中处理。

4. 完善废旧地膜和包装废弃物等回收处理制度

加快出台新的地膜标准，依法强制生产、销售和使用符合标准的加厚地膜，以县为单位开展地膜使用全回收、消除土壤残留等试验试点。建立农药包装废弃物等回收和集中处理体系，落实使用者妥善收集、生产者和经营者回收处理的责任。

五、健全创新驱动与约束激励机制

1. 构建支撑农业绿色发展的科技创新体系

完善科研单位、高校、企业等各类创新主体协同攻关机制，开展以农业绿色生产为重点的科技联合攻关。在农业投入品减量高效利用、种业主要作物联合攻关、有害生物绿色防控、废弃物资源化利用、产地环境修复和农产品绿色加工贮藏等领域尽快取得一批突破性科研成果。完善农业绿色科技创新成果评价和转化机制，探索建立农业技术环境风险评估体系，加快成熟适用绿色技术、绿色品种的示范、推广和应用。借鉴国际农业绿色发展经验，加强国际间科技和成果交流合作。

2. 完善农业生态补贴制度

建立与耕地地力提升和责任落实相挂钩的耕地地力保护补贴机制。改革完善农产品价格形成机制，深化棉花目标价格补贴，统筹玉米和大豆生产者补贴，坚持补贴向优势区倾斜，减少或退出非优势区补贴。改革渔业补贴政策，支持捕捞渔民减船转产、海洋牧场建设、增殖放流等资源养护措施。完善耕地、草原、森林、湿地、水生生物等生态补偿政策，继续支持退耕还林还草。有效利用绿色金融激励机制，探索绿色金融服务农业绿色发展的有效方式，加大绿色信贷及专业化担保支持力度，创新绿色生态农业保险产品。加大政府和社会资本合作（PPP）在农业绿色发展领域的推广应用，引导社会资本投向农业资源节约、废弃物资源化利用、动物疫病净化和生态保护修复等领域。

3. 建立绿色农业标准体系

清理、废止与农业绿色发展不适应的标准和行业规范。制定修订农兽药残留、畜禽屠宰、饲料卫生安全、冷链物流、畜禽粪污资源化利用、水产养殖尾水排放等国家标准和行业标准。强化农产品质量安全认证机构监管和认证过程管控。改革无公害农产品认证制度，加快建立统一的绿色农产品市场准入标准，提升绿色食品、有机农产品和地理标志农产品等认证的公信力和权威性。实施农业绿色品牌战略，培育具有区域优势特色和国际竞争力的农产品区域公用品牌、企业品牌和产品品牌。加强农产品质量安全全程监管，健全与市场准入相衔接的食用农产品合格证制度，依托现有资源建立国家农产品质量安全追溯管理平台，加快农产品质量安全追溯体系建设。积极参与国际标准的制定修订，推进农产品认证结果互认。

4. 完善绿色农业法律法规体系

研究制定修订体现农业绿色发展需求的法律法规，完善耕地

保护、农业污染防治、农业生态保护、农业投入品管理等方面的法律制度。开展农业节约用水立法研究工作。加大执法和监督力度，依法打击破坏农业资源环境的违法行为。健全重大环境事件和污染事故责任追究制度及损害赔偿制度，提高违法成本和惩罚标准。

5. 建立农业资源环境生态监测预警体系

建立耕地、草原、渔业水域、生物资源、产地环境以及农产品生产、市场、消费信息监测体系，加强基础设施建设，统一标准方法，实时监测报告，科学分析评价，及时发布预警。定期监测农业资源环境承载能力，建立重要农业资源台账制度，构建充分体现资源稀缺和损耗程度的生产成本核算机制，研究农业生态价值统计方法。充分利用农业信息技术，构建天空地数字农业管理系统。

6. 健全农业人才培养机制

把节约利用农业资源、保护产地环境、提升生态服务功能等内容纳入农业人才培养范畴，培养一批具有绿色发展理念、掌握绿色生产技术技能的农业人才和新型职业农民。积极培育新型农业经营主体，鼓励其率先开展绿色生产。健全生态管护员制度，在生态环境脆弱地区因地制宜增加护林员、草管员等公益岗位。

六、养护修复农业生态系统

1. 构建田园生态系统

遵循生态系统整体性、生物多样性规律，合理确定种养规模，建设完善生物缓冲带、防护林网、灌溉渠系等田间基础设施，恢复田间生物群落和生态链，实现农田生态循环和稳定。优化乡村种植、养殖、居住等功能布局，拓展农业多种功能，打造种养结合、生态循环、环境优美的田园生态系统。

2. 创新草原保护制度

健全草原产权制度，规范草原经营权流转，探索建立全民所有草原资源有偿使用和分级行使所有权制度。落实草原生态保护补助奖励政策，严格实施草原禁牧休牧轮牧和草畜平衡制度，防止超载过牧。加强严重退化、沙化草原治理。完善草原监管制度，加强草原监理体系建设，强化草原征占用审核审批管理，落实土地用途管制制度。

3. 健全水生生态保护修复制度

科学划定江河湖海限捕、禁捕区域，健全海洋伏季休渔和长江、黄河、珠江等重点河流禁渔期制度，率先在长江流域水生生物保护区实现全面禁捕，严厉打击“绝户网”等非法捕捞行为。实施海洋渔业资源总量管理制度，完善渔船管理制度，建立幼鱼资源保护机制，开展捕捞限额试点，推进海洋牧场建设。完善水生生物增殖放流，加强水生生物资源养护。因地制宜实施河湖水系自然连通，确定河道砂石禁采区、禁采期。

4. 实行林业和湿地养护制度

建设覆盖全面、布局合理、结构优化的农田防护林和村镇绿化林带。严格实施湿地分级管理制度，严格保护国际重要湿地、国家重要湿地、国家级湿地自然保护区和国家湿地公园等重要湿地。开展退化湿地恢复和修复，严格控制开发利用和围垦强度。加快构建退耕还林还草、退耕还湿、防沙治沙以及石漠化、水土流失综合生态治理长效机制。

七、保障措施

1. 落实领导责任

地方各级党委和政府要加强组织领导，把农业绿色发展纳入领导干部任期生态文明建设责任制内容。农业农村部要发挥好牵头协调作用，会同有关部门按照本意见的要求，抓紧研究制订具

体实施方案，明确目标任务、职责分工和具体要求，建立农业绿色发展推进机制，确保各项政策措施落到实处，重要情况要及时向党中央、国务院报告。

2. 实施农业绿色发展全民行动

在生产领域，推行畜禽粪污资源化利用、有机肥替代化肥、秸秆综合利用、农膜回收、水生生物保护以及投入品绿色生产、加工流通绿色循环、营销包装低耗低碳等绿色生产方式。在消费领域，从国民教育、新闻宣传、科学普及、思想文化等方面入手，持续开展“光盘行动”，推动形成厉行节约、反对浪费、抵制奢侈、低碳循环等绿色生活方式。

3. 建立考核奖惩制度

依据绿色发展指标体系，完善农业绿色发展评价指标，适时开展部门联合督查。结合生态文明建设目标评价考核工作，对农业绿色发展情况进行评价和考核。建立奖惩机制，对农业绿色发展中取得显著成绩的单位和个人，按照有关规定给予表彰，对落实不力的进行问责。

第三节　全国试行食用农产品合格证制度实施方案

农产品质量安全是农业高质量发展的基础，农产品种植养殖生产者是农产品质量安全的第一责任人。近些年，农产品质量安全水平不断提升，但是使用禁用药物、超范围超剂量使用农药兽药、违反农药安全间隔期和兽药休药期规定等行为仍然存在。为推动种植养殖生产者落实质量安全主体责任，牢固树立质量安全意识，农业农村部决定在全国试行食用农产品合格证（以下简称“合格证”）制度。特制定如下实施方案。

一、总体思路

深入贯彻落实习近平总书记关于农产品质量和食品安全“四个最严”指示精神，按照《中共中央、国务院关于深化改革加强食品安全工作的意见》和中共中央办公厅、国务院办公厅《关于创新体制机制推进农业绿色发展的意见》有关要求，落实《市场监管总局、公安部、教育部、农业农村部关于在“不忘初心、牢记使命”主题教育中开展整治食品安全问题联合行动的通知》整治措施，进一步创新完善农产品质量安全制度体系，在全国范围试行合格证制度，督促种植养殖生产者落实主体责任、提高农产品质量安全意识，探索构建以合格证管理为核心的农产品质量安全监管新模式，形成自律国律相结合的农产品质量安全管理新格局，全面提升农产品质量安全治理能力和水平，为推动农业高质量发展、促进乡村振兴提供有力支撑。

二、基本原则

1. 坚持整体推进、因地制宜

按照全国“一盘棋”要求，在全国范围内统一试行，统一合格证基本样式，统一试行品类，统一监督管理，实现在全国范围内通查通识。各地根据实际，探索行之有效的推进办法。

2. 坚持突出重点、逐步完善

在试行主体上，选择农产品市场供给率高、商品化程度高的种植养殖生产者，在试行品类上，选择消费量大、风险隐患高的主要农产品先行开展试行。边试行、边改进，取得经验后逐步放大。

3. 坚持部门协作、形成合力

农业农村部门负责督促指导合格证开具和出具工作，同时，与市场监管部门做好协调配合，逐步实现合格证制度与市场准入有效衔接。

三、试行范围

1. 试行区域

全国范围。

2. 试行主体

食用农产品生产企业、农民专业合作社、家庭农场列入试行范围，其农产品上市时要出具合格证。鼓励小农户参与试行。

3. 试行品类

蔬菜、水果、畜禽、禽蛋、养殖水产品。

四、开具要求

食用农产品合格证是指食用农产品生产者根据国家法律法规、农产品质量安全国家强制性标准，在严格执行现有的农产品质量安全控制要求的基础上，对所销售的食用农产品自行开具并出具的质量安全合格承诺证。

1. 基本样式

全国统一合格证基本样式（附件），大小尺寸自定，内容应至少包含：食用农产品名称、数量（重量）、种植养殖生产者信息（名称、产地、联系方式）、开具日期、承诺声明等。若开展自检或委托检测的，可以在合格证上标示。鼓励有条件的主体附带电子合格证、追溯二维码等。

2. 承诺内容

种植养殖生产者承诺不使用禁限用农药兽药及非法添加物，遵守农药安全间隔期、兽药休药期规定，销售的食用农产品符合农药兽药残留食品安全国家强制性标准，对产品质量安全以及合格证真实性负责。

3. 开具方式

种植养殖生产者自行开具，一式两联，一联出具给交易对象；另一联留存一年备查。

4. 开具单元

有包装的食用农产品应以包装为单元开具，张贴或悬挂或印刷在包装材料表面。散装食用农产品应以运输车辆或收购批次为单元，实行一车一证或一批一证，随附同车或同批次使用。

五、实施步骤

1. 抓紧部署启动

本方案自发布之日起实施。各省级农业农村部门结合本地实际，进一步细化实施方案，抓好动员部署，推动县、乡两级抓好组织发动、指导服务等工作。

2. 建立主体名录

各地农业农村部门抓紧建立健全本辖区种植养殖生产者名录数据库，包括种植养殖生产者名称、地址、类型、生产品种等信息，确保试行范围规定的主体全面覆盖。有条件的地方可以结合现有信息化手段实现电子化管理。

3. 加强培训指导

农业农村部编写培训教材，制作教学视频，开通合格证制度网络课程。各地农业农村部门要充分发挥村“两委”和村级协管员作用，将合格证制度告知书、明白纸发放给辖区内所有种植养殖生产者，做好对食用农产品生产企业、农民专业合作社、家庭农场等开具主体的指导服务，推动合格证制度全面试行。组织开展合格证制度大培训，实现试行主体全覆盖，确保合格证填写规范、信息完整、真实有效。试行初期，有条件的地方可根据需要印制合格证，免费供生产者领取使用。

4. 强化监督检查

各地农业农村部门要将开具并出具合格证纳入日常巡查检查内容，既要检查种植养殖生产者是否按要求开具并出具合格证，

也要核查合格证的真实性，严防虚假开具合格证、承诺与抽检结果不符等行为。对于虚假开具合格证的，要纳入信用管理。对于承诺合格而抽检不合格的农产品，要依法严肃查处，同时，帮助种植养殖生产者查找原因、整改问题。要通过合格证制度的试行，做好与《食用农产品市场销售质量安全监督管理办法》实施的工作衔接。

5. 集中宣传引导

各地农业农村部门要开展合格证制度宣传，特别是在生产基地、农村主要路口等显著位置摆放宣传展板、张贴相关宣传彩图，做到醒目易懂。要在地方电视媒体制作播放合格证宣传片，实时报道合格证制度试行工作进展情况，充分发挥社会监督作用，营造全社会共同落实合格证制度的共治氛围。

六、保障措施

1. 加强组织领导

合格证制度是农产品质量安全管理的一项重大制度创新，也是“不忘初心、牢记使命”主题教育中整治漠视侵害群众利益问题农产品质量安全专项整治的重要举措，各地农业农村部门要高度重视试行工作，切实提高思想认识，主要负责同志要亲自研究部署，成立合格证制度试行推进工作领导小组，限期印发本省（市、区）实施方案，明确具体措施，细化任务分工，确定时间进度，建立试行工作责任制，保障工作抓紧落实。

2. 加强保障支持

各地农业农村部门要将合格证制度试行纳入年度重点工作，加大经费投入，加强工作力量，强化人员保障，要积极争取将所需经费纳入农产品质量安全工作财政预算；要进一步提升农产品质量安全监督执法、技术服务、农产品认证等相关人员的业务能力水平，定期组织开展合格证制度宣讲和业务培训，逐步构建职业化检查员队伍，确保合格证真实开具、有效使用。

3. 加强绩效考核

合格证制度试行工作将作为重点内容纳入食品安全考核评议、质量工作考核、农业农村部延伸绩效考核。各省级农业农村部门要建立考评机制，将合格证制度试行纳入当地绩效考核内容，各地农业农村部门要落实属地管理责任，确保试行措施落实到位，责任落实到人。

4. 加强总结提升

各省级农业农村部门在试行过程中，要注意跟进基层试行情况，分析总结经验成效、存在的问题和对策建议，不断完善合格证制度，定期形成书面报告，报送至农业农村部农产品质量安全监管司，并抄送农业农村部农产品质量标准研究中心。

第四节　果菜茶有机肥替代化肥行动

加快推进农业绿色发展，要以果菜茶生产为重点，实施有机肥替代化肥，推进资源循环利用，实现节本增效、提质增效，探索产出高效、产品安全、资源节约、环境友好的现代农业发展之路。为此，开展果菜茶有机肥替代化肥行动，势在必行。

开展果菜茶有机肥替代化肥的必要性和可行性

多年来，为促增产、保供给，农业资源超强利用，化肥投入过量，特别是水果、蔬菜、茶叶生产规模不断扩大，加之农村劳动力加快转移，畜禽养殖废弃物等有机肥资源利用不足，带来成本增加和环境污染，也影响产品的品质和生产效益。推行果菜茶有机肥行动替代化肥行动十分紧迫、十分重要。

1. 促进农业节本增效的需要

目前，我国化肥施用量总体偏多，远高于美国、欧盟等发达

国家和地区。特别是水果、蔬菜化肥用量更多，果树亩均化肥用量是日本的约2倍、美国的约6倍、欧盟的约7倍；蔬菜亩均化肥用量比日本高12.8千克、比美国高29.7千克、比欧盟高31.4千克。化肥的过量使用，增加了生产成本。开发利用我国丰富的有机肥资源，实施有机肥替代化肥，利于果菜茶节本增效。

2. 促进产品提质增效的需要

化肥过量施用，有机肥用量减少，影响产品品质。试验表明，施用有机肥的果园，果实外观和内在品质明显提高，可溶性固型物含量增加10%~20%，果皮花青素含量增加20%~30%，维生素C含量提高10%~30%，糖酸比提高20%~50%。同时，果色鲜艳、适口性好、商品价值也高。增施有机肥还可以增强作物抗性，降低病虫为害，减少农药用量。开发利用我国丰富的有机肥资源，实施有机肥替代化肥，利于果菜茶提质增效。

3. 促进循环农业发展的需要

近年来，我国畜牧业生产发生重大变化，规模养殖成为主体。同时，养殖的集中区畜禽废弃物利用率较低，既造成资源浪费，也造成环境污染。开发利用我国丰富的有机肥资源，支持农民利用畜禽粪便积造、生产有机肥，利于实现资源循环利用。

4. 保护农业生态环境的需要

化肥过量施用，不仅造成耕地质量下降，对生态环境也有不利影响。目前，我国耕地退化面积占总面积的40%以上，耕地污染问题突出。同时，南方地表水富营养化，北方地下水硝酸盐污染，重要的原因是化肥过量施用导致的氮磷元素流失和畜禽养殖产生的面源污染。开发利用我国丰富的有机肥资源，实施有机肥替代化肥，可减少土壤和水体污染，利于保护生态环境。

开展果菜茶有机肥替代化肥，技术成熟、条件具备。一是有较好的政策环境。中央作出推进生态文明建设的重大部署，正采取一系列强有力措施，保护生态环境，实行永续发展。二是有机肥资源丰富。我国有机肥资源养分总量7 000多万吨，实际利用不足40%。资源丰富，潜力巨大。三是有成熟的技术模式。各地探索形成了一批种养结合的生产模式，集成了一套畜禽粪便堆沤还田、施用商品有机肥、沼渣沼液无害化处理还田、农作物秸秆覆盖等技术模式，为有机肥替代化肥创造了条件。

第五节 新版《农药管理条例》解读

国务院令公布修订的《农药管理条例》（以下简称《条例》），自2017年6月1日起施行。国务院法制办、农业农村部负责人就《条例》有关问题回答了记者的提问。

问：为什么要修改《条例》？

答：农药是重要的农业投入品，农药的使用直接关系到农产品的质量安全和生态环境，因此，加强农药管理十分必要。现行《条例》是1997年公布施行的，已经不适应新形势下农药管理工作的需要，亟须修改完善：一是临时登记门槛低，导致低水平、同质化农药供给多，安全、经济、高效农药供给少，需要依法促进农药产业转型升级，提高农药质量水平。二是农药生产管理存在重复审批、管理分散等问题，需要调整管理职责，优化监管方式。三是农药经营主体规模小、布局散、秩序乱，有的制假售假甚至销售禁用农药，需要依法推动转变经营管理方式，完善经营管理制度。四是农药使用中存在擅自加大剂量、超范围使用以及不按照安全间隔期采收农产品的现象，需要依法加强农药使用监管，促进科学使用农药。五是现行《条例》的法律责任处罚力度不够，需要综合运用民事、行政等多种措施，对违法生产经营者实行严厉处罚，提高违法成本。

为了切实解决上述问题，加强农药管理，保证农药质量，保

障农产品质量安全和人畜安全，保护农业、林业生产和生态环境，有必要修订《条例》。

问：《条例》在农药登记方面做了哪些修改？

答：《条例》对农药登记制度主要做了以下修改：一是取消临时登记，明确在我国生产和向我国出口的农药需申请登记，经登记试验、登记评审，符合条件的，由农业农村部核发农药登记证并公告。二是规定农业农村部组织成立农药登记评审委员会，负责农药登记评审，并明确了登记评审委员会的人员组成。三是规定申请农药登记，首先要进行登记试验，登记试验报所在地省级农业农村部门备案，新农药的登记试验须经农业农村部批准。四是规定登记试验由农业农村部认定的登记试验单位按照规定进行，登记试验单位对登记试验报告的真实性负责。五是规定了登记试验结束后，申请人应当提交的资料以及农药登记机关的审批时限等。六是规定了农药登记证应当载明的内容和有效期以及农药登记证的延续、变更程序。

问：《条例》在农药生产管理制度方面做了哪些修改完善？

答：针对农药生产管理存在的重复审批、管理分散等问题，按照国务院简政放权、放管结合、优化服务的改革精神，《条例》做了以下修改：一是实行农药生产许可制度，明确农药生产企业应当具备的条件，并规定由省级农业部门核发农药生产许可证。二是规定委托加工、分装农药的，委托人应当取得相应的农药登记证，受托人应当取得农药生产许可证，并明确委托人应当对委托加工、分装的农药质量负责。三是要求生产企业建立原材料进货记录制度，采购原材料要查验产品质量检验合格证和有关许可证明文件并如实记录。四是规定农药生产企业应当严格按照产品质量标准进行生产，农药出厂销售应当经质量检验合格、附具产品质量检验合格证，并建立出厂销售记录制度。五是规定农药包装应当符合国家有关规定，印制或者贴有标签，并明确了标签应当标注的具体内容，特别要求用于食用农产品的农药的标签标注安全间隔期。

问：《条例》在农药经营方面做了哪些规定？

答：针对农药经营主体规模小、布局散、秩序乱，有的制假售假甚至销售禁用农药等问题，《条例》做了以下规定：一是取消农药经营主体仅限于供销社、农技推广站等主体的规定，实行农药经营许可制度，对高毒等限制使用农药实行定点经营制度，明确了农药经营者应当具备农药和病虫害防治专业知识、能够指导安全合理使用农药、经营场所应当与饮用水水源和生活区域有效隔离等条件以及申请农药经营许可的程序。二是要求农药经营者建立采购台账，采购农药时查验产品包装、标签、产品质量检验合格证以及有关许可证明文件，并如实记录，不得向未取得农药生产许可证的农药生产企业或者未取得农药经营许可证的其他农药经营者采购农药。三是要求农药经营者建立销售台账，如实记录销售农药的名称、规格、数量、生产企业、购买人、销售日期等内容，并正确说明农药的使用范围、使用方法和剂量、使用技术要求和注意事项。四是规定农药经营者不得加工、分装农药，不得在农药中添加物质，不得采购、销售包装和标签不符合规定以及未附具产品质量检验合格证、未取得有关许可证明文件的农药。

问：农药的使用直接影响到农产品质量安全，《条例》在农药使用管理方面做了哪些规定？

答：针对农药使用中存在的擅自加大剂量、超范围使用以及不按照安全间隔期采收农产品等问题，《条例》主要做了以下规定：一是要求各级农业部门加强农药使用指导、服务工作，组织推广农药科学使用技术，提供免费技术培训，提高农药安全、合理使用水平。二是通过推广生物防治、物理防治、先进施药器械等措施，逐步减少农药使用量，要求县级政府制订并组织实施农

药减量计划，对实施农药减量计划、自愿减少农药使用量的给予鼓励和扶持。三是要求农药使用者遵守农药使用规定，妥善保管农药，并在配药、用药过程中采取防护措施，避免发生农药使用事故。四是要求农药使用者严格按照标签标注的使用范围、使用方法和剂量、使用技术要求等注意事项使用农药，不得扩大使用范围、加大用药剂量或者改变使用方法，不得使用禁用的农药；标签标注安全间隔期的农药，在农产品收获前应当按照安全间隔期的要求停止使用；剧毒、高毒农药不得用于蔬菜、瓜果、茶叶、菌类、中草药材的生产。五是要求农产品生产企业、食品和食用农产品仓储企业、专业化病虫害防治服务组织和从事农产品生产的农民专业合作社等建立农药使用记录，如实记录使用农药的时间、地点、对象以及农药名称、用量、生产企业等。

问：在法律责任部分，《条例》做了哪些补充完善？

答：为加大对违法行为的处罚力度，保证《条例》得到切实贯彻实施，《条例》进一步严格了法律责任：一是明确农业部门及其工作人员有不依法履行监督管理职责等行为的，依法给予处分和追究刑事责任。二是对无证生产经营、生产经营假劣农药等违法行为，规定了没收违法所得、罚款、吊销许可证，以及没收违法生产的产品和用于违法生产的设备、原材料等行政处罚，构成犯罪的依法追究刑事责任。三是对将剧毒、高毒农药用于蔬菜、瓜果等食用农产品的，规定了罚款等行政处罚，构成犯罪的依法追究刑事责任；四是规定被吊销农药登记证的，5 年内不再受理其登记申请；无证生产经营以及被吊销许可证的，其直接负责的主管人员 10 年内不得从事农药生产经营活动。

一、行动目标

选择 100 个果菜茶重点县（市、区）开展有机肥替代化肥示范，创建一批果菜茶知名品牌，集成一批可复制、可推广、可持续的有机肥替代化肥的生产运营模式，做到建一批，成一批。力争用3~5年时间，初步建立起有机肥替代化肥的组织方式和政策体系，集成推广有机肥替代化肥的生产技术模式，构建果菜茶有机肥替代化肥长效机制。

具体目标是“一减两提”。

一是化肥用量明显减少。到2020年，果菜茶优势产区化肥用量减少20%以上，果菜茶核心产区和知名品牌生产基地（园区）化肥用量减少50%以上。

二是产品品质明显提高。到2020年，在果菜茶优势产区加快推进“三品一标”认证。创建一批地方特色突出、特性鲜明的区域公用品牌，推动品质指标大幅提高，100%符合食品安全国家标准或农产品质量安全行业标准。

三是土壤质量明显提升。到2020年，优势产区果园土壤有机质含量达到1.2%或提高0.3个百分点以上，茶园土壤有机质含量达到1.2%或提高0.2个百分点以上，菜地土壤有机质含量稳定在2%以上。果园、茶园、菜地土壤贫瘠化、酸化、次生盐渍化等问题得到有效改善。

二、重点任务

1. 提升种植与养殖结合水平

综合考虑土地和环境承载能力，合理确定果菜茶种植规模和畜禽养殖规模，引导农民利用畜禽粪便等畜禽养殖废弃物积造施用有机肥、加工施用商品有机肥，就地就近利用好畜禽粪便等有机肥资源，实现循环利用、变废为宝。

2. 提升有机肥施用技术与配套设施水平

集成推广堆肥还田、商品有机肥施用、沼渣沼液还田、自然生草覆盖等技术模式，推进有机肥替代化肥。在果菜茶产地及周边，建设畜禽养殖废弃物堆沤和沼渣沼液无害化处理、输送及施

用等设施及配套果菜茶生产的机械施肥、水肥一体化等设施，应用设施环境调控及物联网设备，提高有机肥施用和作物生产管理的机械化、智能化水平。

3. 提升标准化生产与品牌创建水平

加快制定果菜茶有机肥替代化肥的技术规范和产品标准，推进设施标准化、生产过程标准化、投入品管理标准化，实现良好农业规范。以此为基础，创建一批地方特色突出、特性鲜明的区域公用品牌和企业品牌，提高产品知名度和附加值，促进农民持续增收和精准脱贫。

4. 提升主体培育与绿色产品供给水平

制定支持有机肥生产施用的用地、用电、信贷、税收等优惠政策，优先扶持利用畜禽养殖废弃物和农作物秸秆等专业从事有机肥生产的企业和社会化服务组织。引导种养大户、农民合作社、龙头企业等新型农业经营主体生产有机肥、施用有机肥，打造一批绿色优质果菜茶生产基地（园区），增加中高端供给，满足市场多样化需求。

三、区域重点及技术模式

1. 苹果

我国苹果种植面积和产量均占世界总量的40%以上，但单产较低、品质较差。生产中偏施化肥，有机肥投入不足，大部分果园位于丘陵山区，设施条件差，土壤有机质含量低，酸化、碱化问题突出，保水保肥能力弱。推行有机肥替代化肥，在黄土高原苹果优势产区、渤海湾苹果优势产区推广 4 种技术模式：一是"有机肥+配方肥"模式。在畜禽粪便等有机肥资源丰富的区域，鼓励种植大户和专业合作社集中积造利用堆肥，减少化肥用量。结合测土配方施肥，在城市近郊果园推广商品有机肥。二是"果—沼—畜"模式。在苹果集中产区，依托种植大户和专业合作社，与规模养殖相配套，建立大型沼气设施，将沼渣沼液施于果园，减少化肥用量。三是“有机肥+水肥一体化”模式。在水肥条件较好的产区和新建果园，推进矮化密植，在增施有机肥的同时，推广水肥一体化技术，提高水肥利用效率。四是“自然生草+绿肥”模式。在水热条件适宜的区域，通过自然生草或种植绿肥覆盖土壤，减少裸露，防止水土流失，培肥地力。

2. 设施蔬菜

蔬菜是重要的民生产品。近年来，我国设施蔬菜发展迅速，产量占到蔬菜总产量的30%以上，为蔬菜周年均衡供应提供了重要保障。由于设施蔬菜生产周期长、产量高，用肥量大、施肥结构不合理，偏施氮肥现象严重，土壤次生盐渍化等问题突出。推行有机肥替代化肥，在北方设施蔬菜集中产区推广4种技术模式。一是“有机肥+配方肥”模式。推广配方施肥，增施有机肥，减少化肥用量。二是“菜—沼—畜”模式。在设施蔬菜集中产区，依托种植大户和专业合作社，与规模养殖相配套，建立大型沼气设施，将沼渣沼液施于设施蔬菜。三是“有机肥+水肥一体化”模式。在增施有机肥的同时，推广水肥一体化技术，重点是推广滴灌、微喷等技术，提高水肥利用效率。四是“秸秆生物反应堆”模式。推广秸秆生物反应堆，释放二氧化碳，增强光合作用，提高地温，增加土壤有机质含量，抑制土壤次生盐渍化。

第六节　加快推进水产养殖业绿色发展

为加快推进水产养殖业绿色发展，促进产业转型升级，经国务院同意，农业农村部等10部委拟定《关于加快推进水产养殖业绿色发展的若干意见》，内容如下。

一、总体要求

1. 主要目标

到2022年，水产养殖业绿色发展取得明显进展，生产空间布局得到优化，转型升级目标基本实现，人民群众对优质水产品的需求基本满足，优美养殖水域生态环境基本形成，水产养殖主产区实现尾水达标排放；国家级水产种质资源保护区达到550个以上，国家级水产健康养殖示范场达到7 000个以上，健康养殖示范县达到50个以上，健康养殖示范面积达到65%以上，产地水产品抽检合格率保持在98%以上。到2035年，水产养殖布局更趋科学合理，养殖生产制度和监管体系健全，养殖尾水全面达标排放，产品优质、产地优美、装备一流、技术先进的养殖生产现代化基本实现。

2. 基本原则

（1）坚持质量兴渔。紧紧围绕高质量发展，将绿色发展理念贯穿于水产养殖生产全过程，推行生态健康养殖制度，发挥水产养殖业在山水林田湖草系统治理中的生态服务功能，大力发展优质、特色、绿色、生态的水产品。

（2）坚持市场导向。处理好政府与市场的关系，充分发挥市场在资源配置中的决定性作用，增强养殖生产者的市场主体作用，优化资源配置，提高全要素生产率，增强发展活力，提升绿色养殖综合效益。

（3）坚持创新驱动。加强水产养殖业绿色发展体制机制创新，完善生产经营体系，发挥新型经营主体的活力和创造力，推动科学研究、成果转化、示范推广、人才培训协同发展和一、二、三产业融合发展。

（4）坚持依法治渔。完善水产养殖业绿色发展法律法规，加强普法宣传、提升法治意识，坚持依法行政、强化执法监督，依法维护养殖渔民合法权益和公平有序的市场环境。

二、加强科学布局

1. 加快落实养殖水域滩涂规划制度

统筹生产发展与环境保护，稳定水产健康养殖面积，保障养殖生产空间。依法加强养殖水域滩涂统一规划，科学划定禁止养殖区、限制养殖区和允许养殖区。完善重要养殖水域滩涂保护制度，严格限制养殖水域滩涂占用，严禁擅自改变养殖水域滩涂用途。

2. 优化养殖生产布局

开展水产养殖容量评估，科学评价水域滩涂承载能力，合理确定养殖容量。科学确定湖泊、水库、河流和近海等公共自然水域网箱养殖规模和密度，调减养殖规模超过水域滩涂承载能力区域的养殖总量。科学调减公共自然水域投饵养殖，鼓励发展不投饵的生态养殖。

3. 积极拓展养殖空间

大力推广稻渔综合种养，提高稻田综合效益，实现稳粮促渔、提质增效。支持发展深远海绿色养殖，鼓励深远海大型智能化养殖渔场建设。加强盐碱水域资源开发利用，积极发展盐碱水养殖。

三、转变养殖方式

1. 大力发展生态健康养殖

开展水产健康养殖示范创建，发展生态健康养殖模式。推广疫苗免疫、生态防控措施，加快推进水产养殖用兽药减量行动。实施配合饲料替代冰鲜幼杂鱼行动，严格限制冰鲜杂鱼等直接投喂。推动用水和养水相结合，对不宜继续开展养殖的区域实行阶段性休养。实行养殖小区或养殖品种轮作，降低传统养殖区水域滩涂利用强度。

2. 提高养殖设施和装备水平

大力实施池塘标准化改造，完善循环水和进排水处理设施，支持生态沟渠、生态塘、潜流湿地等尾水处理设施升级改造，探索建立养殖池塘维护和改造长效机制。鼓励水处理装备、深远海大型养殖装备、集装箱养殖装备、养殖产品收获装备等关键装备研发和推广应用。推进智慧水产养殖，引导物联网、大数据、人工智能等现代信息技术与水产养殖生产深度融合，开展数字渔业示范。

3. 完善养殖生产经营体系

培育和壮大养殖大户、家庭渔场、专业合作社、水产养殖龙头企业等新型经营主体，引导发展多种形式的适度规模经营。优化水域滩涂资源配置，加强对水域滩涂经营权的保护，合理引导水域滩涂经营权向新型经营主体流转。健全产业链利益联结机制，发展渔业产业化经营联合体。建立健全水产养殖社会化服务体系，实现养殖户与现代水产养殖业发展有机衔接。

四、改善养殖环境

1. 科学布设网箱网围

推进养殖网箱网围布局科学化、合理化，加快推进网箱粪污残饵收集等环保设施设备升级改造，禁止在饮用水水源地一级保护区、自然保护区核心区和缓冲区等开展网箱网围养殖。以主要由农业面源污染造成水质超标的控制单元等区域为重点，依法拆除非法的网箱围网养殖设施。

2. 推进养殖尾水治理

推动出台水产养殖尾水污染物排放标准，依法开展水产养殖项目环境影响评价。加快推进养殖节水减排，鼓励采取进排水改造、生物净化、人工湿地、种植水生蔬菜花卉等技术措施开展集中连片池塘养殖区域和工厂化养殖尾水处理，推动养殖尾水资源化利用或达标排放。加强养殖尾水监测，规范设置养殖尾水排放口，落实养殖尾水排放属地监管职责和生产者环境保护主体责任。

3. 加强养殖废弃物治理

推进贝壳、网衣、浮球等养殖生产副产物及废弃物集中收置和资源化利用。整治近海筏式、吊笼养殖用泡沫浮球，推广新材料环保浮球，着力治理白色污染。加强网箱网围拆除后的废弃物综合整治，尽快恢复水域自然生态环境。

4. 发挥水产养殖生态修复功能鼓励

在湖泊水库发展不投饵滤食性、草食性鱼类等增养殖，实现以渔控草、以渔抑藻、以渔净水。有序发展滩涂和浅海贝藻类增养殖，构建立体生态养殖系统，增加渔业碳汇发展。加强城市水系及农村坑塘沟渠整治，放养景观品种，重构水生生态系统，美化水系环境。

五、强化生产监管

1. 规范种业发展

完善新品种审定评价指标和程序，鼓励选育推广优质、高效、多抗、安全的水产养殖新品种。严格新品种审定，加强新品种知识产权保护，激发品种创新各类主体积极性。建立商业化育种体系，大力推进“育繁推一体化”，支持重大育种创新联合攻关。支持标准化扩繁生产，加强品种性能测定，提升水产养殖良种化水平。完善水产苗种生产许可管理，严肃查处无证生产，切实维护公平竞争的市场秩序。完善种业服务保障体系，加强水产种质资源库和保护区建设，保护我国特有及地方性种质资源。强化水产苗种进口风险评估和检疫，加强水生外来物种养殖管理。

2. 加强疫病防控

落实全国动植物保护能力提升工程，健全水生动物疫病防控体系，加强监测预警和风险评估，强化水生动物疫病净化和突发

疫情处置，提高重大疫病防控和应急处置能力。完善渔业官方兽医队伍，全面实施水产苗种产地检疫和监督执法，推进无规定疫病水产苗种场建设。加强渔业乡村兽医备案和指导，壮大渔业执业兽医队伍。科学规范水产养殖用疫苗审批流程，支持水产养殖用疫苗推广。实施病死养殖水生动物无害化处理。

3. 强化投入品管理

严格落实饲料生产许可制度和兽药生产经营许可制度，强化水产养殖用饲料、兽药等投入品质量监管，严厉打击制售假劣水产养殖用饲料、兽药的行为。将水环境改良剂等制品依法纳入管理。依法建立健全水产养殖投入品使用记录制度，加强水产养殖用药指导，严格落实兽药安全使用管理规定、兽用处方药管理制度以及饲料使用管理制度，加强对水产养殖投入品使用的执法检查，严厉打击违法用药和违法使用其他投入品等行为。

4. 加强质量安全监管

强化农产品质量安全属地监管职责，落实生产经营者质量安全主体责任。严格检测机构资质认定管理、跟踪评估和能力验证，加大产地养殖水产品质量安全风险监测、评估和监督抽查力度，深入排查风险隐患。加快推动养殖生产经营者建立健全养殖水产品追溯体系，鼓励采用信息化手段采集、留存生产经营信息。推进行业诚信体系建设，支持养殖企业和渔民合作社开展质量安全承诺活动和诚信文化建设，建立诚信档案。建立水产品质量安全信息平台，实施有效监管。加快养殖水产品质量安全标准制修订，推进标准化生产和优质水产品认证。

六、拓宽发展空间

1. 推进一、二、三产业融合发展

完善利益联结机制，推动养殖、加工、流通、休闲服务等一、二、三产业相互融合、协调发展。积极发展养殖产品加工流通，支持水产品现代冷链物流体系建设，提升从池塘到餐桌的全冷链物流体系利用效率，引导活鱼消费向便捷加工产品消费转变。推动传统水产养殖场生态化、休闲化改造，发展休闲观光渔业。在有条件的革命老区、民族地区和边疆地区等贫困地区，结合本地区资源特点，引导发展多种形式的特色水产养殖，增加建档立卡贫困人口收入。实施水产养殖品牌战略，培育全国和区域优质特色品牌，鼓励发展新型营销业态，引领水产养殖业发展。

2. 加强国际交流与合作

鼓励科研院所、大专院校开展对外水产养殖技术示范推广。统筹利用国际国内两个市场、两种资源，结合"一带一路"建设等重大倡议实施，培育大型水产养殖企业。鼓励和支持渔业企业开展国际认证认可，扩大我国水产品影响力，促进水产品国际贸易稳定协调发展。

七、加强政策支持

1. 多渠道加大资金投入

建立政府引导、生产主体自筹、社会资金参与的多元化投入机制。鼓励地方因地制宜支持水产养殖绿色发展项目。将生态养殖有关模式纳入绿色产业指导目录。探索金融服务养殖业绿色发展的有效方式，创新绿色生态金融产品。鼓励各类保险机构开展水产养殖保险，有条件的地方将水产养殖保险纳入政策性保险范围。支持符合条件的水产养殖装备纳入农机购置补贴范围。

2. 强化科技支撑

加强现代渔业产业技术体系和国家渔业产业科技创新联盟建设，依托国家重点研发计划重点专项，加大对深远海养殖科技研发支持，加快推进实施"种业自主创新重大项目"。加强绿色安全的生态型水产养殖用药物研发。支持绿色环保的人工全价配合饲料研发和推广，鼓励鱼粉替代品研发。积极开展绿色养殖技术

模式集成和示范推广，打造区域综合整治样板。发挥基层水产技术推广体系作用，培训新型职业渔民。

3. 完善配套政策

将养殖水域滩涂纳入国土空间规划，按照“多规合一”要求，做好相关规划的衔接。支持工厂化循环水、养殖尾水和废弃物处理等环保设施用地，保障深远海网箱养殖用海，落实水产养殖绿色发展用水用电优惠政策。养殖用海依法依规免征海域使用金。

八、落实保障措施

1. 严格落实责任

健全省负总责、市县抓落实的工作推进机制，地方人民政府要严格执行涉渔法律法规，在规划编制、项目安排、资金使用、监督管理等方面采取有效措施，确保绿色发展各项任务落实到位。

2. 依法保护养殖者权益

稳定集体所有养殖水域滩涂承包经营关系，依法确定承包期。完善水产养殖许可制度，依法核发养殖证。按照不动产统一登记的要求，加强水域滩涂养殖登记发证。依法保护使用水域滩涂从事水产养殖的权利。对因公共利益需要退出的水产养殖，依法给予补偿并妥善安置养殖渔民生产生活。

3. 加强执法监管

建立健全生态健康养殖相关管理制度和标准，完善行政执法与刑事司法衔接机制。按照严格规范公正文明执法要求，加强水产养殖执法。落实“双随机、一公开”要求，加强事中、事后执法检查。强化普法宣传，增强养殖生产经营主体尊法守法意识和能力。

4. 强化督促指导

将水产养殖业绿色发展纳入生态文明建设、乡村振兴战略的目标评价内容。对绿色发展成效显著的单位和个人，按照有关规定给予表彰；对违法违规或工作落实不到位的，严肃追究相关责任。

第四章　夯实农业生产经营基础，促进现代农业发展

第一节　解读2020年中央1号文件

中共中央、国务院《关于抓好“三农”领域重点工作确保如期实现全面小康的意见》，即2020年中央1号文件。文件公开发布之际，中央农办主任、农业农村部部长韩长赋就文件制定印发和贯彻落实等问题，回答了记者的提问。

问：文件出台有什么背景和意义？

答：以习近平同志为核心的党中央高度重视“三农”工作。习近平总书记指出，小康不小康，关键看老乡。脱贫质量怎么样、小康成色如何，很大程度上要看今年“三农”工作成效。总书记的重要指示，为做好2020年“三农”工作指明了方向、提供了根本遵循。

2020年是全面建成小康社会目标实现之年，是全面打赢脱贫攻坚战收官之年。完成这两大目标任务，脱贫攻坚还有一些最后的堡垒必须攻克，全面小康“三农”领域还有一些突出的短板必须补上。面对国内外风险挑战明显上升、经济下行压力加大的复杂局面，稳住农业基本盘、发挥“三农”压舱石作用至关重要。做好2020年“三农”工作具有特殊重要性，必须毫不松懈，持续加力，确保脱贫攻坚战圆满收官，确保农村同步全面建成小康社会。

今年中央1号文件以习近平新时代中国特色社会主义思想为指导，全面贯彻党的十九大和十九届二中、三中、四中全会精神，贯彻落实中央经济工作会议精神，对“三农”工作作出了全面部署。一是明确了工作重点，就是对标对表全面建成小康社会目标，集中力量完成打赢脱贫攻坚战和补上全面小康“三农”领域突出短板两大重点任务。二是强化了政策举措。针对基层干部群众反映强烈的问题和工作落实中存在的薄弱环节，有的放矢、精准施策，提出了一些含金量高、可操作性强的政策举措，进一步强化了补短板的政策支撑保障。三是强调了抓好落实。围绕补上影响脱贫攻坚质量和全面小康成色、到2020年必须补上的突出短板，逐项抓好落实，确保如期完成。

2020年党的强农惠农富农政策继续响鼓重锤，我们要坚决贯彻落实中央关于“三农”工作的决策部署，切实加强党对农村工作的领导，坚持农业农村优先发展，坚定信心、锐意进取，埋头苦干、扎实工作，切实完成好“三农”各项重点任务，为决胜全面建成小康社会、实现第一个百年奋斗目标作出应有的贡献。

问：脱贫攻坚还有哪些堡垒，收官之年将如何收官？

答：打赢脱贫攻坚战是全面建成小康社会的底线任务和标志性指标，是我们党向人民作出的庄严承诺。党的十八大以来，以习近平同志为核心的党中央把脱贫攻坚摆到治国理政的突出位置，总书记亲自挂帅、亲自出征、亲自督战，全党全社会总动员。截至2019年年底，农村贫困人口累计减少9 500多万人，平均每年减贫1 300万人以上，770个贫困县已经或拟摘帽退出，贫困发生率降至2%以下，创造了我国减贫史上的最好成绩。

2020年是脱贫攻坚战收官之年，还有一些最后的堡垒必须攻克。这些堡垒主要体现在两个方面：一个是深度贫困地区，这些地区自然条件较差、基础条件薄弱、发展滞后、公共服务不足，是多年想啃没啃下来的硬骨头。必须集中力量进行强力帮扶，确保如期脱贫。还有一个是特殊贫困群体，也就是老弱病残等困难群体，对这类缺乏劳动能力的群体，通过统筹各类社会保障政策，实现应保尽保、应兜尽兜。

在脱贫攻坚战收官之年要做好以下工作：一是完成好剩余脱贫任务。目前预计还有300万农村贫困人口没有脱贫，还剩下50多个贫困县尚未摘帽。重点是在普遍实现“两不愁”基础上，全面解决“三保障”和饮水安全问题，确保剩余贫困人口如期脱贫。二是巩固脱贫成果防止返贫。已经攻下来的阵地必须牢牢守住，对已脱贫人口开展全面排查，查补漏洞和缺项，同时，加强对不稳定脱贫户、边缘户动态识别，及时将返贫人口和新发生贫困人口纳入帮扶。三是做好考核验收和宣传工作。严格执行贫困退出标准和程序，坚决杜绝数字脱贫、虚假脱贫，确保脱贫成果经得起历史检验，积极做好脱贫攻坚宣传工作，讲好中国扶贫故事。四是研究接续推进减贫工作。打赢脱贫攻坚战以后，巩固脱贫成果任务仍然繁重，减贫事业不会画上句号。要抓紧研究建立解决相对贫困的长效机制，推动减贫战略和工作体系平稳转型，将解决相对贫困问题纳入实施乡村振兴战略统筹安排。

问：全面建成小康社会，“三农”领域还有哪些必须补上的短板？

答：习近平总书记强调，全面建成小康社会，最突出的短板在“三农”。农村基础设施不足、公共服务落后是农民群众反映最强烈的民生问题，也是城乡发展不平衡、农村发展不充分最直观的体现。2020年中央1号文件对标对表全面建成小康社会目标任务，提出了农村基础设施和公共服务8个方面的短板。一是农村公共基础设施方面。主要是推动“四好农村路”示范创建提质扩面，在完成具备条件的建制村通硬化路和通客车任务基础上，有序推进较大人口规模自然村（组）等通硬化

路建设，支持村内道路建设和改造。二是农村供水保障方面。重点是全面完成农村饮水安全巩固提升工程任务，有条件的地区推进城乡供水一体化。三是农村人居环境整治方面。重点是分类推进农村厕所革命，全面推进农村生活垃圾治理，梯次推进生活污水治理，广泛开展村庄清洁行动。完成农村人居环境整治三年行动任务，干干净净迎小康。四是农村教育方面。硬件上，加强乡镇寄宿制学校建设，统筹小规模学校布局，改善农村办学条件。软件上，加强乡村学校教师队伍建设，落实教师管理、工资待遇、职称评定、住房保障等政策。五是农村基层医疗卫生服务方面。在建好县乡村三级医疗卫生机构、消除医疗服务空白点的同时，重点加强乡村医生队伍建设，简化乡村医生招聘程序，支持高校医学毕业生到中西部地区和艰苦边远地区乡村工作，乡镇卫生院优先聘用符合条件的村医。六是农村社会保障方面。主要是适当提高城乡居民基本医疗保险财政补助和个人缴费标准，加强农村低保对象动态精准管理，合理提高社会救助水平，发展互助式养老等。七是乡村公共文化服务方面。主要是扩大乡村文化惠民工程覆盖面、鼓励送文化下乡、实施乡村文化人才培养工程等。以“庆丰收、迎小康”为主题办好小康之年的中国农民丰收节。八是农村生态环境治理方面。主要是对做好畜禽粪污资源化利用、农药化肥减量、长江流域重点水域常年禁捕、黑土地保护、农村水系综合整治等提出要求。

需要强调的是，2020 年中央 1 号文件提出的补短板任务，重点是针对全面建成小康社会目标的，不是完成现代化的短板。因此，补短板必须坚持从农村实际出发，因地制宜，尊重农民意愿，尽力而为、量力而行，把当务之急的事一件一件解决好，力戒形式主义、官僚主义，防止政策执行简单化和“一刀切”。

问：到 2020 年城乡居民收入要比 2010 年翻一番是全面小康的硬指标，文件在促进农民增收方面有什么政策举措？

答：到 2020 年城乡居民收入要比 2010 年翻一番，这是党的十八大明确的全面建成小康社会定量指标。要保持农民持续较快增收的势头不减弱、趋势不逆转，这样才能持续缩小城乡收入差距，让农民群众在小康之年有更多获得感、幸福感、安全感。在当前宏观经济下行压力加大背景下，农民增收形势不容乐观，必须主动作为，多渠道促进农民持续增收。一是发展富民乡村产业。产业发展是促进农民增收的有效途径。要支持各地立足资源优势打造各具特色的农业全产业链，推动农村一、二、三产业融合发展。加快建设各类产业园区基地，重点培育家庭农场、农民合作社等新型农业经营主体，通过订单农业、入股分红、托管服务等方式，带动小农户融入农业产业链。继续调整优化农业结构，打造地方知名农产品品牌，增加优质绿色农产品供给，提升农民生产经营效益。二是稳住农民工就业。工资性收入占农民可支配收入大头。稳住农民工就业对稳定农民增收至关重要。重点是加强职业技能培训，积极开发城镇就业岗位，加大农民工稳岗支持力度。要加大对拖欠农民工工资的整治力度，以政府投资项目和工程建设领域为重点开展排查整顿，确保农民工工资按时足额发放。农村创新创业是农民就近就地就业的重要渠道，要深入实施农村创新创业带头人培育行动。三是稳定农民转移性收入。要保持好强农惠农富农政策的连续性稳定性，确保农民转移性收入不减少。

问：文件在稳定粮食生产上提出了什么政策举措？

答：确保国家粮食安全始终是治国理政的头等大事。习近平总书记反复强调，中国人的饭碗任何时候都要牢牢端在自己手上，饭碗里主要装中国粮。2019 年，我国粮食产量创下历史新高，连续 5 年稳定在 0.65 万亿千克以上，粮食供给总量是充裕

的。但我们粮食安全形势并非高枕无忧，粮食生产能力基础并不稳固。十几亿人要吃饭，这是我们最大的国情，粮食产量滑下去容易、提上来难，供求吃紧就会影响社会稳定，影响整个大局。多少年的经验表明，经济形势越复杂，越要稳住农业、稳住粮食。

2020 年中央 1 号文件强调，粮食生产要稳字当头，稳政策、稳面积、稳产量，释放了鲜明的政策信号。一是压实各级责任。强化粮食安全省长责任制考核，要求各省（区、市）2020 年粮食播种面积和产量要保持基本稳定，真正动真碰硬，做到饭碗一起端、责任一起扛。二是保护农民种粮积极性。进一步完善农业补贴政策，保障农民基本收益，让农民种粮不吃亏。三是调动地方抓粮积极性。加大产粮大县奖励力度，优先安排农产品加工用地指标，支持产粮大县高标准农田建设新增耕地指标跨省域调剂使用，让地方抓粮不吃亏。四是加强技术服务。抓好草地贪夜蛾等重大病虫害防控，推广统防统治、代耕代种、土地托管服务模式，推动粮食生产提质增效。

问：文件在加快恢复生猪生产上提出了什么政策举措？

答：猪粮安天下。生猪稳产保供是当前经济工作的一件大事。针对 2019 年以来生猪生产和猪肉价格出现的波动，中央出台了一系列稳价保供政策举措，推动生猪产能开始逐步恢复，但形势依然比较严峻。必须把生猪稳产保供作为重大政治任务，像抓粮食生产一样抓生猪生产，采取综合性措施，确保 2020 年年底前生猪产能基本恢复到接近正常年份水平。一是压实地方责任。落实“省负总责”，压实“菜篮子”市长负责制，强化县级抓落实责任，保障猪肉供给。二是落实支持政策。严格落实扶持生猪生产的各项政策举措，抓紧打通环评、用地、信贷等瓶颈。纠正随意扩大限养禁养区和搞“无猪市”“无猪县”问题。三是抓好疫病防控。严格执行非洲猪瘟疫情报告制度和防控措施，加快疫苗研发进程。加强动物防疫体系建设，落实防疫人员和经费保障，在生猪大县实施乡镇动物防疫特聘计划，确保疫情不反弹。四是推进转型升级。推动生猪标准化规模养殖，加强对中小散养户的防疫服务，引导生猪屠宰加工向养殖集中区转移，促进畜牧业高质量发展。五是加强市场调控。做好猪肉保供稳价工作，打击扰乱市场行为，及时启动社会救助和保障标准与物价上涨挂钩联动机制，坚决防止出现脱销断档、价格暴涨。

问：今年中央1号文件在强化补短板“人地钱”要素保障方面有哪些政策亮点？

答：编筐编篓，重在收口。2020年已经到了收官决胜的最后关口，补上全面建成小康社会“三农”领域的短板，离不开真金白银的政策支持和要素保障。2020年中央1号文件，在强化“人地钱”要素保障方面出台了含金量高的政策。一是人才保障方面。提出抓紧出台推进乡村人才振兴的意见，有组织地动员城市科研人员、工程师、规划师、建筑师、教师、医生下乡服务，城市中小学教师、医生晋升高级职称前原则上要有1年以上农村基层工作服务经历。二是用地保障方面。提出完善乡村产业发展用地政策体系，将农业种植养殖配建的各类辅助设施用地纳入农用地管理，合理确定辅助设施用地规模上限，明确农业设施用地可以使用耕地。提出农村集体建设用地可以通过入股、租用等方式直接用于发展乡村产业。明确新编县乡级国土空间规划应安排不少于10%的建设用地指标，省级制订土地利用年度计划时应安排至少5%新增建设用地指标，保障乡村产业用地。三是投入保障方面。当前财政收支压力很大，许多方面都在压减支出，但补“三农”全面小康短板的投入要保。2020年中央1号文件明确提出加大中央和地方财政“三农”投入力度，中央预算内投资继续向农业农村倾斜，加大地方债用于“三农”规模，要求抓紧出台调整完善土地出让收入使用范围进一步提高农业农村

投入比例的意见。要强化对“三农”信贷的货币、财税、监管政策正向激励，适度扩大支农支小再贷款额度，坚持农村信用社县域法人地位，鼓励商业银行发行“三农”、小微企业等专项金融债券，明确符合条件的家庭农场等新型农业经营主体可按规定享受现行小微企业相关贷款税收减免政策等。部署稳妥扩大农村普惠金融改革试点。

问：文件在稳定农业农村投资方面提出了什么政策举措？

答：2019 年以来，受宏观经济形势和产业自身因素影响，农业投资出现一定幅度下滑，这种情况多年未有。2020 年中央 1 号文件对有效扩大农业农村投资作出了相应部署。一是启动实施现代农业设施投资项目。以粮食生产功能区和重要农产品生产保护区为重点加快推进高标准农田建设，如期完成全年建设目标任务，确保建一块成一块。抓紧启动和开工一批重大水利工程和配套设施建设，在做好前期工作基础上适时推进南水北调后续工程建设。针对农产品冷链物流这个突出短板，部署启动农产品仓储保鲜冷链物流设施建设工程，安排中央预算内投资支持建设一批骨干冷链物流基地，支持各类主体建设产地分拣包装、冷藏保鲜、仓储运输、初加工等设施，明确对农村保鲜仓储设施用电实施农业生产用电价格。二是优化农业农村投资环境。引导和鼓励工商资本下乡，营造良好政策环境，切实保护好企业家的合法权益。三是加大对农业农村投融资金融支持力度。发挥全国农业信贷担保体系作用，做大面向新型农业经营主体的担保业务。推动温室大棚、养殖圈舍、大型农机、土地经营权依法合规抵押融资。针对县域农户、中小企业等，推出更多免抵押、免担保、低利率、可持续的普惠金融产品。

问：文件在农村改革上作出了哪些部署？

答：改革是加快补上“三农”发展短板、推动乡村全面振兴的重要动力。2020 年是农村改革承前启后的一个关键年份，必须切实抓好党中央部署的各项重点改革任务，进一步激发农业农村发展活力。一是完善农村基本经营制度。重点是落实保持土地承包关系稳定并长久不变的要求，部署开展第二轮土地承包到期后再延长30年试点，在试点基础上研究制定延包的具体办法。二是扎实推进农村土地制度改革。重点是推动农村集体经营性建设用地落地见效，抓紧制定农村集体经营性建设用地入市配套制度。严格农村宅基地管理，扎实推进宅基地使用权确权登记颁证，以探索宅基地所有权、资格权、使用权“三权分置”为重点，进一步深化农村宅基地制度改革试点。三是深入推进农村集体产权制度改革。在完成清产核资的基础上，全面推开农村集体产权制度改革试点，有序开展集体成员身份确认、集体资产折股量化、股份合作制改革、集体经济组织登记赋码等工作，激活市场、激活要素、激活主体。积极探索拓宽农村集体经济发展路径。

此外，2020年中央1号文件还对中央部署的供销合作社、农垦、国有林区林场、集体林权制度、草原承包经营制度、农业水价、农业综合行政执法等重大改革任务进行了部署。其中，不少任务是以2020年为时间节点的，要逐项推进落实落地，确保按时完成、交账销号。

第二节　支持做好新型农业经营主体培育

为贯彻落实《中共中央办公厅、国务院办公厅关于加快构建政策体系培育新型农业经营主体的意见》和《中共中央办公厅、国务院办公厅关于促进小农户和现代农业发展有机衔接的意见》精神，按照中央经济工作会议、中央农村工作会议以及中央1号文件部署要求，2019年中央财政加大对农民合作社、家庭农场等新型农业经营主体的支持力度。现将

有关事项通知如下。

一、重要意义

习近平总书记十分重视农民合作社和家庭农场发展，2018年9月21日在中央政治局第八次集体学习时指出“要突出抓好农民合作社和家庭农场两类农业经营主体发展，赋予双层经营体制新的内涵，不断提高农业经营效率”，2019年3月8日在参加河南代表团审议时强调“要突出抓好家庭农场和农民合作社两类农业经营主体发展，支持小农户和现代农业发展有机衔接”。《中共中央办公厅、国务院办公厅关于加快构建政策体系培育新型农业经营主体的意见》明确，在坚持家庭承包经营基础上，培育从事农业生产和服务的新型农业经营主体是关系我国农业现代化的重大战略；加快培育新型农业经营主体，对于推进农业供给侧结构性改革、引领农业适度规模经营发展、带动农民就业增收、增强农业农村发展新动能具有十分重要的意义。

加大对农民合作社、家庭农场等新型农业经营主体的支持，是贯彻落实党中央、国务院关于支持新型农业经营主体发展、促进小农户和现代农业发展有机衔接等一系列部署要求的重要内容，也是加快推进农业农村现代化、夯实乡村振兴战略实施基础的重要举措。各级农业农村、财政部门要切实提高政治站位，进一步统一思想，明确责任要求，切实按照《农业农村部、财政部关于做好2019年农业生产发展等项目实施工作的通知》（农计财发〔2019〕6号）要求，加快扶持一批管理规范、运营良好、联农带农能力强的农民合作社、家庭农场，发展一批专业水平高、服务能力强、服务行为规范、覆盖农业产业链条的生产性服务组织，打造一批以龙头企业为引领、以农民合作社为纽带、以家庭农场和农户为基础的农业产业化联合体，增强乡村产业发展的内生动力。

二、总体要求

1. 指导思想

以习近平新时代中国特色社会主义思想为指导，全面贯彻党的十九大和十九届二中、三中全会精神，统筹谋划，整合资源，系统设计财政支持政策，推进农民合作社、家庭农场、农业产业化联合体等新型农业经营主体健康规范有序发展，引导新型农业经营主体提升关键发展能力、激发内生活力，开展集约化、标准化生产，完善利益分享机制，更好发挥带动小农户进入市场、增加收入、建设现代农业的引领作用。

2. 基本原则

坚持政府扶持，协调发展。充分发挥政策引导作用，通过先建后补、以奖代补等形式，扩大政策受惠面，对新型农业经营主体发展予以支持；充分发挥市场配置资源的决定性作用，运用市场的办法推进生产要素向新型农业经营主体优化配置。要因地制宜，推进各类新型农业经营主体之间协调发展，既不能搞平均主义，也不能好大恶小、厚此薄彼，为新型农业经营主体发展创造公平的市场环境。

坚持能力提升，高质高效。聚焦农产品加工、经营管理、市场营销等关键能力提升，推进新型农业经营主体高质高效发展，充分激发内生动力，不断提高市场竞争力。坚决反对只重数量、不重质量的面子工程；坚决避免一哄而上，搞运动式发展。

坚持联农带农，利益共享。既支持新型农业经营主体发展，也不忽视小农户尤其是贫困农户。重点支持和农民有紧密联系的、可让农民学习借鉴的、能带动农民增收致富的新型农业经营主体，有效发挥辐射带动作用，促进小农户与现代农业发展有机衔接。

坚持整合实施，统筹推进。鼓励各地统筹利用适度规模经营

等政策支持资金，整合当地财政支农相关项目，优先支持新型农业经营主体发展，形成政策集聚效应，提高资金使用效益。

三、支持内容

支持实施农民合作社规范提升行动和家庭农场培育计划，积极发展奶农合作社和奶牛家庭牧场，培育创建农业产业化联合体，加快培育新型农业经营主体，加快构建以农户家庭经营为基础、合作与联合为纽带、市场需求为导向的立体式复合型现代农业经营体系。

一是支持开展农产品初加工。支持农民合作社、家庭农场应用先进技术，提升绿色化标准化生产能力，开展农产品产地初加工、主食加工，建设清洗包装、冷藏保鲜、仓储烘干等设施。支持依托农业产业化龙头企业带动农民合作社和家庭农场，开展全产业链技术研发、集成中试、加工设施建设和技术装备改造升级。

二是提升产品质量安全水平。支持农民合作社、家庭农场、农业产业化联合体开展绿色食品、有机食品和地理标志农产品创建，建立完善投入品管理、档案记录、产品检测、合格证准出和质量追溯等制度，建设农产品质量安全检测相关设施设备，构建全程质量管理长效机制。支持奶农合作社和家庭牧场开展良种奶牛引进、饲草料生产、养殖设施设备升级及乳品加工和质量安全检测设施完善等。支持农业产业化龙头企业引领农民合作社、家庭农场开展质量管理控制体系认定和产品追溯系统建设。

三是加强优质特色品牌创建。支持农民合作社、家庭农场、农业产业化联合体等新型农业经营主体加快培育优势特色农业，加强绿色优质特色农产品品牌创建，创响一批“独一份”“特别特”“好中优”的“乡字号”“土字号”特色产品品牌。

四、支持对象及方式

1. 支持对象

一是农民合作社，支持县级以上农民合作社示范社及联合社，国家贫困县可放宽到规范运营的其他农民合作社。

二是家庭农场，主要支持纳入农业农村部门家庭农场名录的家庭农场（家庭牧场），其中家庭农场重点支持土地经营规模相当于当地户均承包地面积10~15倍或务农收入相当于当地二、三产业务工收入的农场；奶牛家庭牧场优先支持存栏量50~500头的中小规模牧场。

三是农业产业化联合体，主要支持组织管理规范、联农带农机制完善、经济效益明显的联合体的内部成员。

粮食类等大宗农产品生产的农民合作社、家庭农场等新型农业经营主体数量应占有一定比重。

2. 支持方式

各地可根据实际，统筹利用中央财政农业生产发展资金中的适度规模经营资金以及自有财力等渠道予以支持。鼓励各地采取先建后补、以奖代补等方式，对农民合作社、家庭农场、农业产业化联合体等新型农业经营主体实施政策措施给予适当支持。其中，支持开展果蔬储藏窖、冷藏保鲜库及相关烘干设施建设，可参照以往农产品产地初加工政策补助标准；支持农业产业化联合体合作机制培育，由成员龙头企业牵头组织项目申报。

各地要结合本地实际确定具体支持对象、支持标准和支持方式。政策实施可与农机购置补贴、优势特色主导产业发展、农村一、二、三产业融合发展、有机肥替代化肥等政策统筹实施。鼓励有条件的省份，以县为单位开展整体推进示范，集中投入支持。

五、保障措施

1. 强化政策组织领导

各省农业农村部门要会同财政部门制订具体实施方案，明确支持对象、任务目标及管理措施等。各省要深入推进示范合作社建设，打造高质量发展的示范样板；完善示范家庭农场评定标准，发展一批规模适度、生产集约、管理先进、效益明显的家庭农场；加强农业产业化联合体的示范创建、监测指导，创新发展模式，促进产业深度融合发展。

2. 完善利益联结机制

各地要指导农民合作社、家庭农场、农业产业化联合体等新型农业经营主体，完善“保底收益+按股分红”、股份合作、订单农业等利益联结机制，组织带动小农户开展标准化生产，促进小农户与现代农业有机衔接，让更多农户分享乡村产业发展政策红利，特别是与贫困户尤其是“三区三州”等深度贫困地区贫困户精准对接，助力脱贫攻坚。中央财政直接补助农民合作社形成的资产要量化到农民合作社成员。

3. 创新资金监管方式

各地要完善补助资金申报审批流程，严格申报主体的条件资质把关，确保补助资金发放公开公平公正。要创新信息化手段，运用农业农村部新型农业经营主体信息直报系统加强适度规模经营补助资金监管。要在直报系统中及时发布补助政策，让广大新型农业经营主体准确理解掌握政策内容和申报要求。获得适度规模经营资金补助支持的新型经营主体全部纳入直报系统认证管理，并及时填报支持内容、补助方式、补助金额等相关情况。鼓励各地探索补助资金从申请、审核、公示到发放的全过程线上管理。

4. 加大宣传引导力度

各地要通过多渠道解读扶持农民合作社、家庭农场、农业产业化联合体等新型农业经营主体发展的政策内容，及时宣传各地好的做法和模式，使新型农业经营主体准确理解掌握政策内容，提升自身发展能力，提高辐射带动小农户发展的积极性和主动性；要加大对农民合作社示范社、示范家庭农场、农业产业化示范联合体等新型农业经营主体的宣传推介力度，让农民群众照着学、跟着干，营造推动新型农业经营主体发展的良好舆论氛围。

第三节　开展农民合作社规范提升行动

经国务院同意，中央农办、农业农村部等 11 个部门和单位联合印发了《关于开展农民合作社规范提升行动的若干意见》。中央农办副主任、农业农村部副部长韩俊接受记者采访，就《意见》印发和贯彻落实等问题，回答了记者的提问。

问：请您介绍一下《意见》出台的背景和意义？

答：农民合作社是广大农民群众在家庭承包经营基础上自愿联合、民主管理的互助性经济组织，是实现小农户和现代农业发展有机衔接的中坚力量。自 2007 年农民专业合作社法实施以来，我国农民合作社快速发展。到 2019 年 7 月底，全国依法登记的农民合作社达 220.7 万家。农民合作社产业类型日趋多样，合作内容不断丰富，服务能力持续增强，已成为组织服务农民群众、激活乡村资源要素、引领乡村产业发展和维护农民权益的重要组织载体，在助力脱贫攻坚、推动乡村振兴、引领小农户步入现代农业发展轨道等方面发挥了重要作用。同时也要看到，我国农民合作社发展起步晚、时间短，发展基础仍然薄弱，与广大农民的期盼还有差距，面临运行不够规范、与成员联结不够紧密、指导服务体系不够健全等问题，需要进一步加强指导扶持服务，引导

其规范发展。

党中央、国务院高度重视农民合作社发展。习近平总书记指出，要突出抓好农民合作社和家庭农场两类农业经营主体发展，赋予双层经营体制新的内涵，不断提高农业经营效率。李克强总理强调，通过股份合作、家庭农场、合作社这种形式来发展现代农业是大势所趋，是大方向。党的十八大、十八届三中、五中全会和十九大，多个中央1号文件和《政府工作报告》，都对农民合作社发展提出了明确要求。2019年中央1号文件提出，开展农民合作社规范提升行动。《意见》出台是贯彻落实习近平总书记重要指示精神的具体行动，是贯彻落实党中央、国务院决策部署的重要措施，凝聚了各方面的共识。《意见》是今后一段时期促进农民合作社规范提升和做好指导扶持服务工作的重要政策文件。

问：《意见》对提升农民合作社规范发展水平提出了哪些具体要求？

答：提升农民合作社规范发展水平，是维护农民成员合法权益、增强农民合作社内生发展动力的客观要求。《意见》就“如何规范”农民合作社，作出了明确规定，主要体现在5个方面。一是完善章程制度。要求指导农民合作社参照示范章程制定符合自身特点的章程，依章加强内部管理和从事生产经营活动，加强档案管理，实行社务公开。二是健全组织机构。要求农民合作社依法建立成员（代表）大会、理事会、监事会等组织机构，分别履行好议事决策、日常执行、内部监督等职责。规范经理选聘程序和任职要求。推动在具备条件的农民合作社中建立党组织。三是规范财务管理。要求指导农民合作社认真执行财务会计制度，及时向县级农业农村部门报送会计报表，加强内部审计监督。鼓励地方探索建立农民合作社信息管理平台和农民合作社发展动态监测机制。四是合理分配收益。要求农民合作社依法制订盈余分配方案，可分配盈余主要按照成员与所在农民合作社的交易量（额）比例返还。五是加强登记管理。严格依法开展农民合作社登记注册，对农民合作社所有成员予以备案。农民合作社要按时向登记机关报送年度报告，未按时报送年报、年报中弄虚作假、通过登记住所无法取得联系的，由市场监管部门依法依规列入经营异常名录，推送至全国信用信息共享平台。列入经营异常的农民合作社不得纳入示范社评定范围。

问：《意见》采取哪些措施促进农民合作社增强服务带动能力？

答：服务成员是农民合作社的宗旨。《意见》围绕乡村产业、服务功能、乡村建设、利益联结、合作联合 5 个方面，引导鼓励农民合作社增强对农户的服务带动能力。一是发展乡村产业。鼓励农民合作社开展连片种植、规模饲养，壮大优势特色产业。引导农民合作社推行绿色生产方式，发展休闲农业、乡村旅游、民间工艺制造业、信息服务和电子商务等新产业新业态，积极开展质量认证，强化品牌营销推介。二是强化服务功能。鼓励农民合作社加强加工仓储物流等关键环节能力建设，延伸产业链条，向产加销一体化拓展。支持农民合作社开展农业生产托管，依法依规开展互助保险。三是参与乡村建设。鼓励农民合作社建设运营农业废弃物、农村垃圾处理和资源化利用等设施，参与农村基础设施建设。引导农民合作社参与乡村文化建设。四是加强利益联结。鼓励支持农民合作社与其成员、周边农户特别是贫困户建立紧密的利益联结关系，吸纳有劳动能力的贫困户自愿入社发展生产经营。鼓励成员用实物、知识产权、土地经营权、林权等作价出资。五是推进合作与联合。引导家庭农场组建或加入农民合作社，鼓励同业或产业密切关联的农民合作社通过兼并、合并等方式进行组织重构和资源整合。支持农民合作社依法自愿组建联合社。

问：《意见》提出要开展“空壳社”专项清理，请问清理“空壳社”有哪些具体措施？

答：农民合作社数量快速增长的同时，也出现了一定数量的“空壳社”，主要表现在无农民成员实际参与、无实质性生产经营活动、因经营不善停止运行，甚至有的打着农民合作社的名义从事非法金融活动。为加强农民合作社规范管理，2019 年 2 月，中央农办、农业农村部、市场监管总局等 11 个部门和单位联合印发了《开展农民专业合作社“空壳社”专项清理工作方案》，对“空壳社”专项清理工作作出了具体安排，目前各地正在按照部署进行全面摸底排查。

《意见》对“空壳社”清理进一步明确了 3 个方面的要求。一是合理界定清理范围。要求清理工作按照农民合作社所在地实行属地管理，重点对被列入经营异常名录、群众反映和举报存在问题以及在“双随机”抽查中发现异常情形的农民合作社依法依规进行清理。二是实行分类处置。要求对列入清理范围的农民合作社，逐一排查，精准甄别存在的问题。依托农民合作社综合协调机制共同会商，按照“清理整顿一批、规范提升一批、扶持壮大一批”的办法，实行分类处置。切实加强指导监督和协调配合，建立健全部门信息共享和通报工作机制。三是畅通退出机制。拓展企业简易注销登记适用范围，对企业简易注销登记改革试点地区符合条件的农民合作社，可适用简易注销程序退出市场。加强政策宣传和服务，为农民合作社自主申请注销提供便利服务。

问：请您谈谈《意见》从哪些方面开展试点示范，引导农民合作社规范提升？

答：试点示范是探索农民合作社规范提升有效路径和模式的重要工作方法。2018 年 9 月，农业农村部批复在河北、湖北、陕西等 8 省 30 县（市、区）开展首批农民合作社质量提升整县推进试点。《意见》从 3 个方面要求加强试点示范引领。一是扎实开展质量提升整县推进试点。深入开展农民合作社质量提升整县推进试点，发展壮大单体农民合作社、培育发展农民合作社联合社、提升县域指导扶持服务水平，创建一批农民合作社高质量发展示范县。扩大试点范围，优先将贫困县纳入。建立县域内农民合作社登记协同监管机制。二是深入推进示范社创建。完善农民合作社示范社评定指标体系，推进国家、省、市、县级示范社四级联创。将农民合作社纳入农村信用体系建设范畴，鼓励各地建立农民合作社信用档案，对信用良好的农民合作社，在示范社评定和政策扶持方面予以倾斜。三是充分发挥典型引领作用。总结各地整县推进农民合作社质量提升和示范社创建的经验做法，树立一批制度健全、运行规范的典型。对发展农民合作社事业作出突出贡献的单位和个人，予以表彰奖励。

问：《意见》从哪些方面对农民合作社规范提升给予政策支持？

答：针对农民合作社当前发展面临的突出困难和问题，《意见》重点在财政项目、金融保险、用地用电、人才支撑等方面加大政策创设力度。一是加大财政项目扶持。统筹整合资金加大对农民合作社的支持力度，把深度贫困地区的农民合作社、县级及以上农民合作社示范社、农民合作社联合社等作为支持重点。二是创新金融服务。支持金融机构结合职能定位和业务范围，对农民合作社提供金融支持。鼓励全国农业信贷担保体系创新开发适合农民合作社的担保产品，开展中央财政对地方优势特色农产品保险奖补试点。鼓励各地探索开展产量保险、农产品价格和收入保险等农业保险品种。探索构建农民合作社信用评价体系。三是落实用地用电政策。明确农民合作社从事设施农业，其生产设施用地、附属设施用地、生产性配套辅助设施用地，符合国家有关规定的，按农用地管理。通过城乡建设用地增减挂钩节余的用地指标积极支持农民合作社开展生

产经营。落实农民合作社从事农产品初加工等用电执行农业生产电价政策。四是强化人才支撑。分级建立农民合作社带头人人才库，分期分批开展农民合作社骨干培训。依托贫困村创业致富带头人培训，加大对农民合作社骨干的培育。鼓励有条件的农民合作社聘请职业经理人。鼓励支持普通高校设置农民合作社相关课程、农业职业院校设立相关农民合作社专业或设置专门课程。鼓励各地开展农民合作社国际交流合作。

问：如何强化指导服务，确保《意见》精神和各项政策措施切实得到贯彻落实？

答：《意见》已经正式印发，接下来关键是抓好落实，认真贯彻执行《意见》要求，使政策落地见效。对此，《意见》要求强化指导服务，提出了 3 个方面明确要求。一是建立综合协调工作机制。要求全国农民合作社发展部际联席会议成员单位合力推进农民合作社规范提升，地方各级政府要建立健全农业农村部门牵头的农民合作社工作综合协调机制。各地要组织动员社会力量支持农民合作社发展，充分发挥农民合作社联合会在行业自律、信息交流、教育培训等方面作用。二是建立健全辅导员队伍。重点加强县乡农民合作社辅导员队伍建设，有条件的地方可通过政府购买服务等方式，为乡镇选聘农民合作社辅导员。大力开展基层农民合作社辅导员培训。三是加强基础性制度建设。要求抓紧修订农民合作社相关配套法规，完善农民合作社财务制度和会计制度。各地要加快制修订农民合作社地方性法规。开展农民合作社法律法规教育宣传，为促进农民合作社规范发展营造良好环境。

第四节　实施家庭农场培育计划

党的十八大以来，党中央、国务院高度重视培育发展家庭农场。习近平总书记指出，要突出抓好农民合作社和家庭农场两类

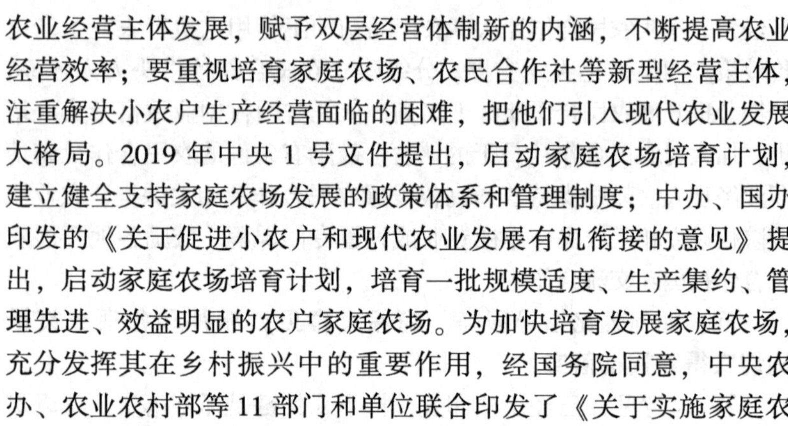

农业经营主体发展，赋予双层经营体制新的内涵，不断提高农业经营效率；要重视培育家庭农场、农民合作社等新型经营主体，注重解决小农户生产经营面临的困难，把他们引入现代农业发展大格局。2019 年中央 1 号文件提出，启动家庭农场培育计划，建立健全支持家庭农场发展的政策体系和管理制度；中办、国办印发的《关于促进小农户和现代农业发展有机衔接的意见》提出，启动家庭农场培育计划，培育一批规模适度、生产集约、管理先进、效益明显的农户家庭农场。为加快培育发展家庭农场，充分发挥其在乡村振兴中的重要作用，经国务院同意，中央农办、农业农村部等 11 部门和单位联合印发了《关于实施家庭农场培育计划的指导意见》。

一、《指导意见》的主要内容

《指导意见》的主要内容体现在以下几个方面。

一是强调要坚持农户主体、规模适度、市场导向、因地制宜、示范引领基本原则，按照“发展一批、规范一批、提升一批、推介一批”的思路，加快培育出一大批规模适度、生产集约、管理先进、效益明显的家庭农场。《指导意见》提出了 2020 年和 2022 年家庭农场培育发展目标。

二是强调完善登记和名录管理制度。《指导意见》围绕合理确定经营规模、优化登记注册服务、健全家庭农场名录系统等，提出了一系列具体的政策措施，确保具有针对性和可操作性。

三是强调强化示范创建引领。要加强示范家庭农场创建，开展家庭农场示范县创建，强化典型引领带动，鼓励各类人才创办家庭农场，积极引导家庭农场发展合作经营。

四是强调建立健全政策支持体系。《指导意见》要求要依法保障家庭农场土地经营权，加强基础设施建设，健全面向家庭农场的社会化服务和家庭农场经营者培训制度。同时，《指导意

见》从用地、财政税收、金融保险、“互联网+”、社会保障等方面提出了具体政策措施。

五是强调地方各级政府要将促进家庭农场发展列入重要议事日程，制订本地区家庭农场培育计划并部署实施；县级以上地方政府要建立促进家庭农场发展的综合协调工作机制。

二、培育家庭农场遵循的原则

《指导意见》明确提出实施家庭农场培育计划过程中重点要把握好以下五大原则。

第一个原则，坚持农户主体。培育发展家庭农场要以农户为主体，在这个基础上积极探索家庭农场的多种发展模式，巩固和完善农村基本经营制度首先就是要坚持家庭经营的基础性地位。在当前我国新型城镇化深入发展的大背景下，要鼓励那些有长期稳定务农意愿的农户来适当地扩大经营规模，发展多种类型的家庭农场，开展多种形式的合作与联合。

第二个原则，坚持规模适度。要引导家庭农场根据产业特点和自身经营管理能力，包括当地的资源情况，来实现最佳的规模效益。这个过程中，特别是要防止片面地追求土地等生产资料过度集中，要防止“垒大户”。这一条指导原则是把握《指导意见》精神的关键点。实践中家庭农场经营的规模多大才是最合适的？标准就是看它的效益。只要实现了最佳规模效益，规模可以大一点，也可以小一点。未来我们倡导的家庭农场，就是要以效益论英雄，而不是以规模论英雄。

第三个原则，坚持市场导向。要遵循家庭农场发展的规律，充分发挥市场在推动家庭农场发展中的决定性作用，加强政府对家庭农场的引导和支持。特别是政府给家庭农场提供基础设施、服务等方面的重要作用。换句话说，就是要提高家庭农场的市场竞争力，在市场竞争中实现发展壮大。政府的作用是什么？就是要保驾护航，做好引导和支持。这个过程中切忌过多的行政干预，搞强迫命令。

第四个原则，坚持因地制宜。要鼓励当地立足当地的实际确定发展重点，创新家庭农场发展的思路，务求实效，不搞一刀切。各地在实践过程中一定要根据本地的资源禀赋、经济社会发展条件，因地制宜、因时制宜地来培育家庭农场，多模式培育、多元化发展，形成百花齐放的局面。

第五个原则，坚持示范引领。要发挥典型示范的作用，以点带面，以示范来促进发展，总结推广不同类型的家庭农场的示范典型，提升家庭农场发展的质量，开展家庭农场示范创建在我们家庭农场发展实践中是我们认定的一条路子，这个路子要走下去，而且要加大力度。同时，要树立一批一批的典型，最近在全国征集了一部分典型案例，我们也会向社会推介，总结好经验，推广成功的做法，从而促进全国家庭农场快速发展，稳步提升家庭农场的发展质量。

三、家庭农场生产经营中面临的困难和制约

这些年新型农业经营主体发展过程中普遍遇到了一些困难，家庭农场作为一支重要的力量和其他经营主体一样也面临着自己的困难。这些困难有些是共性的，有些是家庭农场表现比较突出的。

第一个难题，风险防范。比如经营过程中，市场的风险；生产过程中，自然的风险，等等。怎么最大限度地避免风险？家庭农场怎么做？怎么安排自己的生产，安排自己的经营，去防范风险？政府怎么帮助农民、帮助家庭农场减少这些风险？《指导意见》都作出了安排，也呼应了家庭农场对这方面的期待。

第二个难题，用地方面。家庭农场在建设的过程中必须要建设一些农业设施，例如，集中育秧的设施，晾晒场、烘干设施、

仓储设施、保鲜库、冷链运输、农机库棚，等等，这些都需要占用一些土地。怎么样取得土地呢？家庭农场和其他经营主体一样也面临着巨大困难，特别是家庭农场相对其他经营主体实力比较弱，用地难度更显得突出。这次《指导意见》也给出了基本指向。

第三个难题，融资难。融资难是农业领域经营主体普遍面临的问题，家庭农场融资难问题尤其突出，农业产业的特点没有像工业企业那样有更多的抵押物、质押物，农业抵押质押的范围比较窄。家庭农场相对其他经营主体来说规模比较小，信用贷款获得难度比较大，还有农担系统这些年的重点覆盖家庭农场还不够等因素，导致家庭农场在融资方面面临困难比较大，这次《指导意见》也作出了安排。

家庭农场还面临着人才困难。乡村振兴其中有一条是人才振兴，农村建设、农业建设普遍缺乏人才，家庭农场发展过程中这个问题尤其突出。我们缺乏管理人才、缺乏市场开拓人才、缺乏新技术应用人才。这次文件对解决家庭农场人才缺乏问题提出了一系列措施，例如，加大培训力度，发展面向家庭农场社会化服务中强调科研院所、企业在帮助家庭农场发展中的作用。鼓励各类人才，包括农村的能人、农村生源的大中专毕业生、科技人员参加家庭农场，其中一个方面也是解决为了家庭农场的缺乏人才的问题。应该说，文件对这些困难的解决都提出了一些办法。

四、家庭农场发展成效及相关情况

家庭农场的发展从党的十八大以来发展比较快，发展形势比较好，家庭农场的发展取得了初步成效。可以从以下这几个方面来看。

第一，从家庭农场培育工作的推进角度来看，一是家庭农场扶持政策的框架已经初步构建。最早是 2013 年中共中央 1 号文件提出来要发展家庭农场的政策措施要建立，2014 年农业部印发了《关于促进家庭农场发展的指导意见》，2019 年发布的《指导意见》是第二个比较系统的指导家庭农场发展的文件。全国已经有 30 多个省（区、市）都下发了相关的政策实施的文件。二是财政支持力度加大。各地方财政给予支持，2017 年中央财政首次安排专项资金给予支持。三是指导服务能力不断地增强。农业农村部开发了家庭农场名录系统，建立了家庭农场全面的统计和典型监测制度，每年发布年度发展报告，指导各省开展省、市、县三级示范家庭农场的创建。同时，组织征集全国家庭农场典型案例，定期对外发布。

第二，从发展实际成效来看，一是家庭农场发展的数量已经达到一定规模，截至 2018 年年底，进入农业农村部门家庭农场名录的有 60 万家，这个数量和 2013 年比增长了 4 倍多。二是家庭农场的劳动力结构比较合理。据监测，平均每个家庭农场的劳动力是 6.6 人，其中，雇工 1.9 人。三是经营耕地以租赁为主，通过流转土地实现规模经营。家庭农场经营土地的面积在登记名录中总面积 1.6 亿亩，其中，71.7%的耕地来自租赁。四是产业类型多元。包括种植业、畜牧业、渔业，也包括种养结合的家庭农场，其中，种植业类型的家庭农场占的比例是 62.7%，畜牧业占 17.8%，渔业占 5.3%，种养结合的类型占 11.6%。在种植业家庭农场中 63.4%的家庭农场是从事粮食生产的，全国的家庭农场中大约 40%是从事粮食生产的，因此，产业发展是比较良性的。五是经营状况总体较好。到 2018 年年底，全国家庭农场年销售农产品的总值 1 946 亿元，平均每个家庭农场大概 30 多万元。

总体来看，培育发展家庭农场有利于重要农产品的有效供给，夯实农业发展基础；有利于提高农业综合效益，推进农业供给侧结构性改革；有利于促进现代农业的发展，推动一、二、三

产业的融合发展。

五、家庭农场在用地、财税、金融等方面的支持政策

《指导意见》就完善家庭农场的支持政策提出了很多方面的意见，应该说每一条都非常重要，包括用地、财政、税收、金融、保险、信息化等方面的支持政策，重点有5个方面的支持政策。

第一，依法保障家庭农场的土地经营权。在实践中，家庭农场经营的土地71.7%是来自流转，来自租赁。因此，依法保障家庭农场的土地经营权非常重要，特别是流转土地的稳定性，包括租金水平，这直接关系到家庭农场的稳定经营。对此，《指导意见》在这方面提出了具体的指导政策。

第二，加强基础设施建设。在家庭农场的政策调研过程中，发现基础设施的建设对发展家庭农场至关重要，同时，在生产经营活动中，这对它的成本、效益来说是至关重要的因素。在各地调研中发现地方政府但凡在支持家庭农场的基础设施，包括水、电、路这方面提供了比较好的基础，这样对农户发展家庭农场的效益提升非常明显，对于当地家庭农场的快速发展也起到明显的促进作用。对此，《指导意见》也提出了明确措施。

第三，健全家庭农场经营者培训制度。这一条政策对农业农村部门提出了明确要求，比如说，使家庭农场经营者至少每3年轮训1次，这对于提升家庭农场经营者能力素质有非常重要的作用。

第四，完善和落实财税政策。2017年开始中央财政首次安排了专项资金支持家庭农场的发展，之后每年都不断地加大力度，同时，通过中央财政的带动地方财政也在不断地加大支持力度。下一步农业农村部将积极推动更多的财政支持来支持发展家庭农场。

第五，金融保险服务。实践中农户对于信贷支持、农业保险的需求也是非常强烈。特别是农业保险，对于稳定家庭农场生产经营发挥着重要的作用。将积极推动相关政策的落实落地，加快构建家庭农场发展过程中金融保险支持政策体系的完善。

六、如何确定家庭农场的培育对象

从2013年中央1号文件提出发展家庭农场以来已经有5~6年时间了。家庭农场的发展，是市场选择的结果。不是认定出来的，它是发展出来的。所以，强调坚持市场导向，尊重家庭农场自身发展规律，坚持市场在推动家庭农场发展中的决定性作用，其中，要加强政府的支持和指导。对家庭农场来说，它怎样选择自己的规模呢？文件中也有明确指导措施，就是要根据产业特点、自身经营能力，以取得最佳规模效益为度。

地方怎样去工作呢？文件也明确讲"以县（市、区）为单位，综合考虑当地的资源条件、行业特点"，就是当地的农林牧渔、农产品特点，如药材、粮食，来引导家庭农场适度规模经营即取得最佳的规模效益。为加强对家庭农场的服务指导，农业农村部系统建立了家庭农场名录系统，这个系统的建立是为了更好地指导和服务家庭农场，把符合条件的家庭农场，符合什么条件呢？就是刚才说的原则，根据当地的实际情况来分析，纳入名录管理，通过名录管理来支持家庭农场的发展。如做好监测，做好预警分析，通过名录系统对家庭农场运行的分析，来发现家庭农场在发展过程中出现了什么样的难题，然后采取相应的帮扶措施。

说你是家庭农场，认定不认定都是家庭农场。所以，从这个意义上讲，目前在名录中的60万户家庭农场实际上并没有包括实际经济活动中很多的规模经营户，也就是说很多就是家庭农场，符合家庭农场的基本内涵、基本的外延。国家统计局发布关

于第三次农业普查的有关数据，“规模农业经营户”这个概念里的农户有 398 万户，这里有大量的家庭农场在农业农村部的名录里，也有大量的没有在名录里面，也就是说它没有经过认定程序也没有到工商部门登记注册，就是它就在那里发展和经营，它就是家庭农场。

七、家庭农场的范围

在较早的中央文件里把种养大户作为新型经营主体的一种类型，和家庭农场是并列来考虑的。这一次《指导意见》专门提出来把符合条件的种养大户、专业大户纳入家庭农场范围，大家对这个问题比较关注。

当前，关于规模农业经营户的概念也挺多，包括家庭农场、种养大户、种粮大户、专业大户，等等，有很多不同的表述，确实也引发了一些歧义，引起了一些关注。这次《指导意见》对于家庭农场的内涵和外延都进行了基本界定，指出家庭农场是以家庭成员为主要劳动力，以家庭为基本经营单元，从事规模化、标准化、集约化生产经营。当然，这里所指的“农业”，是包括农林牧渔各个产业，是个大农业概念。所以，发展家庭农场也包括农林牧渔等各类家庭农场。

在实际的经济活动中称为它什么名字其实并不重要，关键是以效益论英雄。我们的农户、我们的农民要增加收入，经营农业要有效益，钱袋子要鼓起来，除了工资性收入，其他各类收入外，家庭经营收入在农民收入中也是非常重要的一块。为了便于指导、支持和管理，把种养大户、专业大户这些规模经营农户纳入家庭农场的范围来进行指导、管理，有利于适度规模经营的发展，有利于农业提高效益，这是最基本的考虑。《指导意见》提出把符合条件的种养大户、专业大户纳入家庭农场的范围，应该说契合家庭农场培育发展的大方向，针对实际发展的情况，一切从实际出发，把这些种养大户、专业大户等规模经营农户纳入家庭农场的范围里面来进行指导、管理，有利于更好地服务所有实实在在从事农业生产经营的家庭农场，有利于促进家庭农场的规范发展，有利于更好地发挥家庭农场对于现代农业的引领作用。

八、家庭农场的组织领导机制

近年来，对于家庭农场的组织领导工作，农业农村部会同有关部门认真贯彻落实中央精神，2014 年发了《指导意见》，2019 又发了这个《指导意见》，这里都对加强组织领导有专门章节论述。一方面加强顶层设计；另一方面指导各地支持强化服务，不断地完善家庭农场的工作机制。

从目前情况看，确实存在一些问题，例如，各地并没有普遍的建立起综合协调的工作机制，各部门之间的配合、协调还有待加强。此次发布的《指导意见》提出了 3 个方面的要求。

一要加强组织领导。要求地方各级政府要将促进家庭农场的发展列入重要的议事日程，要制订本地区的家庭农场培育计划，并部署实施。

二要加强部门协作。县级以上地方政府要建立起促进家庭农场发展的综合协调工作机制，加强部门间的配合、协作，综合协调，形成家庭农场发展的合力。

三要强化宣传引导。通过宣传让大家更多了解发展家庭农场的重大意义、发展的路径，从哪些方面去扶持、服务、支持它。所以，要充分运用各种新闻媒体加大宣传力度，特别是加大家庭农场发展有关政策的解读，宣传好发展家庭农场，对于促进现代农业发展，提高农民收入，提升农业经营效益等各方面具有重大意义。

第五章 推进农村土地改革，促进农业生产规模经营

第一节 关于保持土地承包关系稳定并长久不变

党的十九大提出，保持土地承包关系稳定并长久不变，第二轮土地承包到期后再延长30年。为充分保障农民土地承包权益，进一步完善农村土地承包经营制度，推进实施乡村振兴战略，现就保持农村土地（指承包耕地）承包关系稳定并长久不变（以下简称“长久不变”）提出如下意见。

一、重要意义

自实行家庭承包经营以来，党中央、国务院一直坚持稳定农村土地承包关系的方针政策，先后2次延长承包期限，不断健全相关制度体系，依法维护农民承包土地的各项权利。在中国特色社会主义进入新时代的关键时期，党中央提出保持土地承包关系稳定并“长久不变”，是对党的农村土地政策的继承和发展，意义重大、影响深远。

1. 实行“长久不变”有利于巩固和完善农村基本经营制度

在农村实行以家庭承包经营为基础、统分结合的双层经营体制，是改革开放的重大成果，是农村基本经营制度。这一制度符合我国国情和农业生产特点，具有广泛适应性和强大生命力。承包关系稳定，有利于增强农民发展生产的信心、保障农村长治久

安。实行“长久不变”，顺应了农民愿望，将为巩固农村基本经营制度奠定更为坚实基础，展现持久制度活力。

2. 实行“长久不变”有利于促进中国特色现代农业发展

土地承包关系是农村生产关系的集中体现，需要适应生产力发展的要求不断巩固完善。改革开放初期实行家庭联产承包制，成功解决了亿万农民的温饱问题。随着工业化、城镇化发展和农村劳动力大量转移，农业物质装备水平大幅提升，农业经营规模扩大成为可能。实行“长久不变”，促进形成农村土地“三权”分置格局，稳定承包权，维护广大农户的承包权益，放活经营权，发挥新型农业经营主体引领作用，有利于实现小农户和现代农业发展有机衔接，有利于发展多种形式适度规模经营，推进中国特色农业现代化。

3. 实行“长久不变”有利于推动实施乡村振兴战略

当前，我国发展不平衡不充分问题在乡村最为突出。实施乡村振兴战略是决胜全面建成小康社会、全面建设社会主义现代化国家的重大历史任务。改革是乡村全面振兴的法宝。推动乡村全面振兴，必须以完善产权制度和要素市场化配置为重点，强化制度性供给。实行“长久不变”，完善承包经营制度，有利于强化农户土地承包权益保护，有利于推进农村土地资源优化配置，有利于激活主体、激活要素、激活市场，为实现乡村振兴提供更加有力的制度保障。

4. 实行“长久不变”有利于保持农村社会和谐稳定

土地问题贯穿农村改革全过程，涉及亿万农民切身利益，平衡好各方土地权益，是党的执政能力和国家治理水平的重要体现。实行“长久不变”，进一步明晰集体与农户、农户与农户、农户与新型农业经营主体之间在承包土地上的权利义务关系，有利于发挥社会主义集体经济的优越性，通过起点公平、机会公平，合理调节利益关系，消除土地纠纷隐患，促进社会公平正

义，进一步巩固党在农村的执政基础。

二、总体要求

1. 指导思想

以习近平新时代中国特色社会主义思想为指导，全面贯彻党的十九大和十九届二中、三中全会精神，认真落实党中央、国务院决策部署，紧紧围绕统筹推进“五位一体”总体布局和协调推进“四个全面”战略布局，牢固树立和贯彻落实新发展理念，紧扣处理好农民和土地关系这一主线，坚持农户家庭承包经营，坚持承包关系长久稳定，赋予农民更加充分而有保障的土地权利，巩固和完善农村基本经营制度，为提高农业农村现代化水平、推动乡村全面振兴、保持社会和谐稳定奠定制度基础。

2. 基本原则

稳定基本经营制度。坚持农村土地农民集体所有，确保集体经济组织成员平等享有土地权益，不断探索具体实现形式，不搞土地私有化；坚持家庭承包经营基础性地位，不论经营权如何流转，不论新型农业经营主体如何发展，都不能动摇农民家庭土地承包地位、侵害农民承包权益。

尊重农民主体地位。尊重农民意愿，把选择权交给农民，依靠农民解决好自己最关心最现实的利益问题；尊重农民首创精神，充分发挥其主动性和创造性，凝聚广大农民智慧和力量，破解改革创新中的难题；加强示范引导，允许农民集体在法律政策范围内通过民主协商自主调节利益关系。

推进农业农村现代化。顺应新形势完善生产关系，立足建设现代农业、实现乡村振兴，引导土地经营权有序流转，提高土地资源利用效率，形成多种形式农业适度规模经营，既解决好农业问题也解决好农民问题，既重视新型农业经营主体也不忽视普通农户，走出一条中国特色社会主义乡村振兴道路。

维护农村社会稳定。以农村社会稳定为前提，稳慎有效、有序实施，尊重历史、照顾现实、前后衔接、平稳过渡，不搞强迫命令；从各地实际出发，统筹考虑、综合平衡、因地制宜、分类施策，不搞一刀切；保持历史耐心，循序渐进、步步为营，既解决好当前矛盾又为未来留有空间。

三、稳妥推进“长久不变”实施

1. 稳定土地承包关系

第二轮土地承包到期后应坚持延包原则，不得将承包地打乱重分，确保绝大多数农户原有承包地继续保持稳定。对少数存在承包地因自然灾害毁损等特殊情形且群众普遍要求调地的村组，届时可按照大稳定、小调整的原则，由农民集体民主协商，经本集体经济组织成员的村民会议 2/3 以上成员或者 2/3 以上村民代表同意，并报乡（镇）政府和县级政府农业等行政主管部门批准，可在个别农户间作适当调整，但要依法依规从严掌握。

2. 第二轮土地承包到期后再延长 30 年

土地承包期再延长 30 年，使农村土地承包关系从第一轮承包开始保持稳定长达 75 年，是实行“长久不变”的重大举措。现有承包地在第二轮土地承包到期后由农户继续承包，承包期再延长 30 年，以各地第二轮土地承包到期为起点计算。以承包地确权登记颁证为基础，已颁发的土地承包权利证书，在新的承包期继续有效且不变不换，证书记载的承包期限届时做统一变更。对个别调地的，在合同、登记簿和证书上做相应变更处理。

3. 继续提倡“增人不增地、减人不减地”

为避免承包地的频繁变动，防止耕地经营规模不断细分，进入新的承包期后，因承包方家庭人口增加、缺地少地导致生活困难的，要帮助其提高就业技能，提供就业服务，做好社会保障工作。因家庭成员全部死亡而导致承包方消亡的，发包方应当依法

收回承包地，另行发包。通过家庭承包取得土地承包权的，承包方应得的承包收益，依照继承法的规定继承。

4. 建立健全土地承包权依法自愿有偿转让机制

维护进城农户土地承包权益，现阶段不得以退出土地承包权作为农户进城落户的条件。对承包农户进城落户的，引导支持其按照自愿有偿原则依法在本集体经济组织内转让土地承包权或将承包地退还集体经济组织，也可鼓励其多种形式流转承包地经营权。对长期弃耕抛荒承包地的，发包方可以依法采取措施防止和纠正弃耕抛荒行为。

四、准确把握“长久不变”政策内涵

1. 保持土地集体所有、家庭承包经营的基本制度长久不变

农村土地集体所有、家庭承包经营的基本制度有利于调动集体和农民积极性，对保障国家粮食安全和农产品有效供给具有重要作用，必须毫不动摇地长久坚持，确保农民集体有效行使集体土地所有权、集体成员平等享有土地承包权。要从我国经济社会发展阶段和各地发展不平衡的实际出发，积极探索和不断丰富集体所有、家庭承包经营的具体实现形式，不断推进农村基本经营制度完善和发展。

2. 保持农户依法承包集体土地的基本权利长久不变

家庭经营在农业生产经营中居于基础性地位，要长久保障和实现农户依法承包集体土地的基本权利。农村集体经济组织成员有权依法承包集体土地，任何组织和个人都不能剥夺和非法限制。同时，要根据时代发展需要，不断强化对土地承包权的物权保护，依法保障农民对承包地占有、使用、收益、流转及承包土地的经营权抵押、担保权利，不断赋予其更加完善的权能。

3. 保持农户承包地稳定

农民家庭是土地承包经营的法定主体，农村集体土地由集体

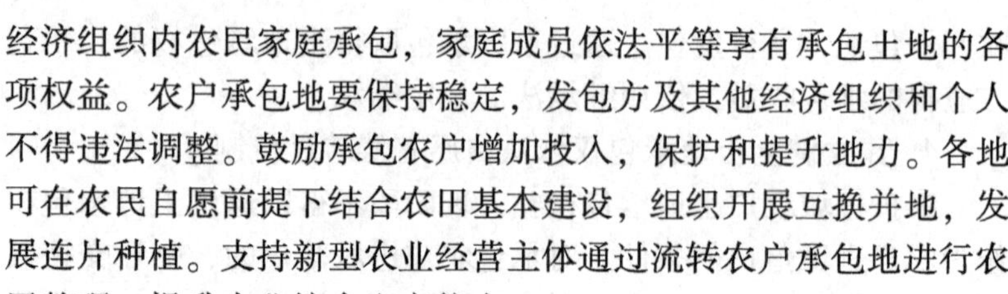

经济组织内农民家庭承包，家庭成员依法平等享有承包土地的各项权益。农户承包地要保持稳定，发包方及其他经济组织和个人不得违法调整。鼓励承包农户增加投入，保护和提升地力。各地可在农民自愿前提下结合农田基本建设，组织开展互换并地，发展连片种植。支持新型农业经营主体通过流转农户承包地进行农田整理，提升农业综合生产能力。

五、切实做好“长久不变”基础工作

1. 做好承包地确权登记颁证工作

承包地确权登记颁证是稳定农村土地承包关系的重大举措，也是落实“长久不变”的重要前提和基本依据。在2018年年底前基本完成确权登记颁证工作的基础上，继续做好收尾工作、化解遗留问题，健全承包合同取得权利、登记记载权利、证书证明权利的确权登记制度，并做好与不动产统一登记工作的衔接，赋予农民更有保障的土地承包权益，为实行“长久不变”奠定坚实基础。

2. 完善落实农村土地所有权、承包权、经营权“三权”分置政策体系

不断探索农村土地集体所有制的有效实现形式，充分发挥所有权、承包权、经营权的各自功能和整体效用，形成层次分明、结构合理、平等保护的格局。深入研究农民集体和承包农户在承包地上、承包农户和经营主体在土地流转中的权利边界及相互权利关系等问题，充分维护农户承包地的各项权能。完善土地经营权流转市场，健全土地流转规范管理制度，探索更多放活土地经营权的有效途径。

3. 健全农村土地承包相关法律政策

按照党中央确定的政策，抓紧修改相关法律，建立健全实行“长久不变”维护农户土地承包权益等方面的制度体系。在第二

轮土地承包到期前，中央农办、农业农村部等部门应研究出台配套政策，指导各地明确第二轮土地承包到期后延包的具体办法，确保政策衔接、平稳过渡。

4. 高度重视政策宣传引导工作

各地区各有关部门要加大宣传力度，各新闻媒体要积极发挥作用，做好“长久不变”政策解读和业务培训，及时、充分、有针对性地发布信息，使广大农民和基层干部群众全面准确了解党和国家的农村土地承包政策。密切关注政策落实中出现的新情况新问题，积极应对、妥善处理，重大问题要及时报告。

各省（自治区、直辖市）党委和政府要充分认识实行“长久不变”的重要性、系统性、长期性，按照党中央、国务院要求，切实加强领导，落实工作责任，研究解决实行“长久不变”的重点难点问题，保障“长久不变”和第二轮土地承包到期后再延长30年政策在本地顺利实施。实行县级党委和政府负责制，县级要针对具体问题制订工作方案，结合本地实际周密组织实施，确保“长久不变”政策落实、承包延期平稳过渡，保持农村社会和谐稳定。各有关部门要按照职责分工，主动支持配合，形成工作合力，健全齐抓共管的工作机制，维护好、实现好农民承包土地的各项权利，保证农村长治久安。

第二节　新《土地管理法》的七大突破

2019年8月26日，十三届全国人大常委会第十二次会议审议通过《中华人民共和国土地管理法》修正案，自2020年1月1日起施行。《土地管理法》修改是在什么样的背景下进行的？有哪些重大突破？新法的实施对各级自然资源管理部门提出了哪些新挑战？

一、改革农村土地制度的背景

《土地管理法》是一部关系亿万农民切身利益、关系国家经济社会安全的重要法律。《土地管理法》确立的以土地公有制为基础、耕地保护为目标、用途管制为核心的土地管理基本制度总体上是符合我国国情的，实施以来，为保护耕地、维护农民土地权益、保障工业化城镇化快速发展发挥了重要作用。随着实践的不断发展和改革的不断深入，现行农村土地制度与社会主义市场经济体制不相适应的问题日益显现：土地征收制度不完善，因征地引发的社会矛盾积累较多；农村集体土地权益保障不充分，农村集体经营性建设用地不能与国有建设用地同等入市、同权同价；宅基地取得、使用和退出制度不完整，用益物权难落实；土地增值收益分配机制不健全，兼顾国家、集体、个人之间利益不够。针对农村土地制度存在的突出问题，十八届三中全会通过的《中共中央关于全面深化改革若干重大问题的决定》对改革提出了明确要求。由于土地制度改革牵一发而动全身，为审慎稳妥推进，2014 年中办国办印发《关于农村土地征收、集体经营性建设用地入市、宅基地制度改革试点工作的意见》，对农村土地制度改革进行顶层设计。2015 年 2 月，全国人大常委会通过《关于授权国务院在北京市大兴区等 33 个试点县行政区域内暂停调整实施有关法律规定的决定》，在 33 个试点地区暂停实施《土地管理法》5 个条款、《城市房地产管理法》1 个条款。授权决定还明确：对实践证明可行的，修改完善有关法律。《土地管理法》的修改正是在这样的背景下启动的。自 2015 年以来，33 个试点地区在党中央的坚强领导下，大胆探索，勇于创新，试点取得了明显成效，为《土地管理法》修改奠定了坚实的实践基础。

二、新《土地管理法》的七大突破

新《土地管理法》坚持土地公有制不动摇，坚持农民利益不受损，坚持最严格的耕地保护制度和最严格的节约集约用地制度，在充分总结农村土地制度改革试点成功经验的基础上，作出了多项重大突破。

1. 破除集体经营性建设用地进入市场的法律障碍

原来的《土地管理法》除乡镇企业破产兼并外，禁止农村集体经济组织以外的单位或者个人直接使用集体建设用地，只有将集体建设用地征收为国有土地后，该幅土地才可以出让给单位或者个人使用。这一规定使集体建设用地的价值不能显化，导致农村土地资源配置效率低下，农民的土地财产权益受到侵蚀。在城乡结合部，大量的集体建设用地违法进入市场，严重挑战法律的权威。在33个试点地区，集体建设用地入市制度改革受到农村集体经济组织和广大农民的广泛欢迎。新《土地管理法》删除了原法第43条关于“任何单位和个人进行建设，需要使用土地，必须使用国有土地”的规定，允许集体经营性建设用地在符合规划、依法登记，并经本集体经济组织2/3以上成员或者村民代表同意的条件下，通过出让、出租等方式交由集体经济组织以外的单位或者个人直接使用。同时，使用者取得集体经营性建设用地使用权后还可以转让、互换或者抵押。这一规定是重大的制度突破，它结束了多年来集体建设用地不能与国有建设用地同权同价同等入市的二元体制，为推进城乡一体化发展扫清了制度障碍，是新《土地管理法》最大的亮点。

2. 改革土地征收制度

随着工业化城镇化的快速推进，征地规模不断扩大，因征地引发的社会矛盾凸显。33个试点地区在缩小征地范围、规范征地程序、完善多元保障机制等方面开展了多项制度性的探索。新

《土地管理法》在总结试点经验的基础上，在改革土地征收制度方面作出了多项重大突破。

一是对土地征收的公共利益范围进行明确界定。宪法规定：国家为了公共利益的需要可以对土地实行征收或者征用并给予补偿。但原法没有对土地征收的“公共利益”范围进行明确界定，加之集体建设用地不能直接进入市场，使土地征收成为各项建设使用土地的唯一渠道，导致征地规模不断扩大，被征地农民的合法权益和长远生计得不到有效的保障，影响社会稳定。新《土地管理法》增加第45条，首次对土地征收的公共利益进行界定，采取列举方式明确：因军事和外交、政府组织实施的基础设施、公共事业、扶贫搬迁和保障性安居工程建设需要以及成片开发建设等6种情形，确需征收的，可以依法实施征收。这一规定将有利于缩小征地范围，限制政府滥用征地权。

二是明确征收补偿的基本原则是保障被征地农民原有生活水平不降低，长远生计有保障。原来的《土地管理法》按照被征收土地的原用途给予补偿，按照年产值倍数法确定土地补偿费和安置补助费，补偿标准偏低，补偿机制不健全。新《土地管理法》首次将2004年国务院28号文件提出的“保障被征地农民原有生活水平不降低、长远生计有保障”的补偿原则上升为法律规定，并以区片综合地价取代原来的年产值倍数法，在原来的土地补偿费、安置补助费、地上附着物和青苗补偿费的基础上，增加农村村民住宅补偿费用和将被征地农民社会保障费用的规定，从法律上为被征地农民构建更加完善的保障机制。

三是改革土地征收程序。将原来的征地批后公告改为征地批前公告，多数被征地的农村集体经济组织成员对征地补偿安置方案有异议的，应当召开听证会修改，进一步落实被征地的农村集体经济组织和农民在整个征地过程的知情权、参与权和监督权。倡导和谐征地，征地报批以前，县级以上地方政府必须与拟征收

土地的所有权人、使用权人就补偿安置等签订协议。

3. 完善农村宅基地制度

农村宅基地是农民安身立命之本。长期以来，宅基地一户一宅、无偿分配、面积法定、不得流转的法律规定，导致农村宅基地大量闲置浪费，农民宅基地的用益物权难落实。33 个试点地区在自愿有偿退出宅基地、宅基地有偿使用、下放宅基地审批权限等方面进行了积极探索。新《土地管理法》完善了农村宅基地制度，在原来一户一宅的基础上，增加宅基地户有所居的规定，明确：人均土地少、不能保障一户拥有一处宅基地的地区，在充分尊重农民意愿的基础上可以采取措施保障农村村民实现户有所居。这是对一户一宅制度的重大补充和完善。考虑到农民变成城市居民真正完成城市化是一个漫长的历史过程，新《土地管理法》规定：国家允许进城落户的农村村民自愿有偿退出宅基地，这一规定意味着地方政府不得违背农民意愿强迫农民退出宅基地。同时，在总结试点经验的基础上，新《土地管理法》下放宅基地审批权限，明确农村村民住宅建设由乡镇人民政府审批。

4. 为“多规合一”改革预留法律空间

建立国土空间规划体系并监督实施，实现“多规合一”是党中央、国务院作出的重大战略部署。随着国土空间规划体系的建立和实施，土地利用总体规划和城乡规划将不再单独编制和审批，最终将被国土空间规划所取代。考虑到“多规合一”改革正在推进中，新《土地管理法》为改革预留了法律空间，增加第 18 条，规定：国家建立国土空间规划体系。经依法批准的国土空间规划是各类开发、保护和建设活动的基本依据。为了解决改革过渡期的规划衔接问题，新《土地管理法》还明确：已经编制国土空间规划的，不再编制土地利用总体规划和和城乡规划。同时，在附则中增加规定：编制国土空间规划前，经依法批准的土地利用总体规划和城乡规划继续执行。

5. 将基本农田提升为永久基本农田

实行最严格的耕地保护制度，确保国家粮食安全是《土地管理法》的核心和宗旨。为了提升全社会对基本农田永久保护的意识，新《土地管理法》将基本农田提升为永久基本农田，增加第35条明确规定：永久基本农田经依法划定后，任何单位和个人不得擅自占用或者改变用途。永久基本农田必须落实到地块，纳入数据库严格管理。各省、自治区、直辖市划定的永久基本农田一般应当占本行政区域内耕地的80%以上，具体比例由国务院根据各省、自治区、直辖市耕地实际情况确定。

6. 合理划分中央和地方土地审批权限

原来的《土地管理法》对新增建设用地规定了从严从紧的审批制度，旨在通过复杂的审批制度引导地方政府利用存量建设用地。长期以来，地方对建设用地审批层级高、时限长、程序复杂等问题反映强烈。新《土地管理法》适应放管服改革的要求，对中央和地方的土地审批权限进行了调整，按照是否占用永久基本农田来划分国务院和省级政府的审批权限。今后，国务院只审批涉及永久基本农田的农用地转用，其他的由国务院授权省级政府审批。同时，按照谁审批谁负责的原则，取消省级征地批准报国务院备案的规定。

7. 土地督察制度正式入法

为了有效解决土地管理中存在的地方政府违法高发多发的问题，2006年国务院决定实施国家土地督察制度，对省、自治区、直辖市及计划单列市人民政府土地管理和土地利用情况进行督察。土地督察制度实施以来，在监督地方政府依法管地用地、维护土地管理秩序等方面发挥了重要作用。在充分总结国家土地督察制度实施成效的基础上，新《土地管理法》在总则中增加第五条，对土地督察制度作出规定：国务院授权的机构对省、自治

区、直辖市人民政府以及国务院确定的城市人民政府土地利用和土地管理情况进行督察。以此为标志，国家土地督察制度正式成为土地管理的法律制度。

三、做好新法实施各项准备

新《土地管理法》将于2020年1月1日起施行。全国人大常委会在关于修改土地管理法和城市房地产管理法的决定中，特别对依法保障农村土地征收、经营性建设用地入市和宅基地管理制度改革全国范围内实行提出了明确要求。要求国务院及其有关部门和各省、自治区、直辖市应当加强领导，做好法律宣传，制定完善配套法规规章，确保法律制度正确有效实施。在距离《土地管理法》正式实施近4个月的时间里，自然资源部以及省级自然资源主管部门要不断加大工作力度，为新法实施做好各项准备工作。

一是抓紧启动《土地管理法实施条例》和《基本农田保护条例》的全面修订工作，细化落实农村土地制度改革的各项制度安排。同时，启动对土地管理配套规章的全面清理工作，该修改的修改，该废止的废止。

二是研究落实新《土地管理法》中授权国务院及国务院自然资源主管部门和省、自治区、直辖市的授权立法事项。自然资源部主要是根据第64条的授权规定，抓紧起草《集体经营性建设用地出让转让管理条例》送审稿，提请国务院审议；根据第45条的授权规定，研究出台土地征收成片开发的标准。省、自治区、直辖市主要根据第48条的授权，制定征收农用地以外的其他土地地上附着物、青苗的补偿标准和被征地农民社会保障费用的筹集、管理以及使用办法。

三是省级自然资源主管部门要组织制定并公布本地区的区片综合地价，确保新法实施后按照新的标准实施征地。目前，除试点地区外，还有个别省尚未出台区片综合地价标准，还有的省区片综合地价未覆盖城市规划区以外的地区。这些地区要加大工作力度，确保在明年新法实施前完成区片综合地价的制定和公布工作。

四是要不断强化农村集体经济组织作为土地所有权人的能力建设。集体经营性建设用地可以直接进入市场流转，是重大的制度创新，也对作为土地所有权人的农村集体经济组织的资产运营管理能力提出了重大挑战。要按照先易后难、循序渐进的原则稳妥推进，在实践中不断强化农村集体经济组织的能力建设。

五是切实做好新《土地管理法》的学习宣传和培训工作。要加大向全社会的宣传力度，使亿万农民了解新法的主要内容，学会用法律保护自己的土地权益。要加大对自然资源系统工作人员的培训力度，确保新法所确立的改革举措落到实处，保证新法的顺利实施。

第三节 《农村土地承包法修正案》修改的内容

2018 年 12 月 29 日，十三届全国人大常委会第七次会议审议通过了关于修改《中华人民共和国农村土地承包法》的决定。这是农村土地承包法从 2003 年施行以来首次大修正。

主要有 9 个方面的内容。

一、明确了农村集体土地所有权、土地承包权、土地经营权“三权”分置

“三权”分置改革是继家庭承包责任制之后农村改革的重大制度创新，从理论和实践丰富了农村双层经营体制的内涵。家庭联产承包责任制实现集体土地的“两权”分离，主要解决调动亿万农民的生产积极性问题，“三权”分置主要解决农业适度规

模经营、集约化经营及发展现代农业问题。

1. 集体土地所有权

农村集体土地所有权是经历了土地改革、初级社、高级社、人民公社等发展阶段，由自然资源与国家、集体长期投入形成的。我国宪法规定，“农村和城市郊区的土地，除由法律规定属于国家所有的以外，属于集体所有”。物权法规定，农村集体土地“属于本集体成员集体所有”。农村集体经济组织或者村委会代表集体经济组织行使所有权，享有对土地占有、使用、收益和处分的权利。我国农村集体土地所有权集体所有制同全民所有制一样，是社会主义经济制度的基础。修改土地承包法，需要与宪法及相关法律衔接好。

农村改革初期，土地承包经营权是按照债权思路设计的，村集体与农户签订承包合同，通过契约明确集体与农户的权利义务。为了防止长期形成的“计划体制”“公社体制”的惯性影响，当时的立法倾向是防止集体所有权侵犯土地承包经营权。2007年制定的物权法，将土地承包经营权界定为用益物权，集体所有权侵犯承包经营权的问题从法律上得以解决。这次修改土地承包法，立足于坚持集体土地所有权制度，清晰界定集体土地所有权与土地承包经营权的权利内容，防止集体土地所有权虚置，做到权利平衡、不相互挤压。

原土地承包法将集体土地所有权的权利内容界定为发包权、监督权、管理权及法律、法规规定的其他权利。修改后的土地承包法，对集体经济组织在土地发包、土地流转、土地用途管制、土地合理利用、土地经营权融资担保管理等方面的权利进一步细化（十四条、四十五条、四十六条、四十七条、六十四条）。

2. 土地承包权

土地承包权是承包地流转后从土地承包经营权中分置出来的，农户拥有土地承包权是农村基本经营制度的基础。实践中，取得承包权有两个条件：具有本集体经济组织成员资格（成员属性）；与发包方签订了承包合同，获得了承包地（财产属性）。

土地承包经营权与土地承包权的权利主体都是土地承包方。承包方的权利：一是承包期限内使用承包地，自主组织生产经营和处置产品的权利；二是承包期内出租（转包）、互换、转让、入股、交回承包地获得收益的权利；三是承包地被征收、征用、占用获得补偿的权利；四是承包期内承包人应得的承包收益可以依法继承，林地承包人死亡，其继承人可以在承包期内继承承包等。土地承包经营权互换、转让须在集体经济组织内进行，互换是为了方便耕作，转让是放弃土地承包经营权，发包方需要与新承包方重新确定承包关系（十七条、二十七条、三十条、三十二条、三十三条、三十四条、三十六条）。

在承包地未流转的情况下，承包方拥有土地承包经营权，既承包又经营（2017 年约占全国承包农户的 70%，承包土地的 65%）。在承包地流转的情况下，承包方拥有土地承包权，只承包不经营，经营权流转给了第三方（目前约占全国承包农户的 30%，承包土地的 35%）。流转是土地承包权设立的前提。如果承包方与第三方的土地流转合同到期，承包方仍享有土地承包经营权。土地承包权权能中的收益权和受限定的处分权（可以收回土地经营权但不能买卖承包地）是现实存在的，不是虚置的权利。

3. 土地经营权

承包方采用出租（转包）、入股等方式将承包地流转给第三方使用后，土地经营权转移。保障土地经营权人依法享有的合法权益，规范流转行为，是完善农村土地承包法律制度的一个重点，也是农村基本经营制度的与时俱进。

土地经营权人的权利：一是按照合同使用流转的承包地，自主开展生产经营并取得收益（三十七条）；二是因改善生产条

件、提高生产能力获得相应补偿（四十三条）；三是经承包方同意并向发包方备案，可以用土地经营权设定融资担保（四十七条）；四是经承包方同意并向发包方备案，可以再流转土地经营权等（四十六条）。土地经营权人承担的义务：支付土地流转对价，不改变流转土地的农业用途和连续两年以上弃耕抛荒，不破坏农业综合生产能力和土地生态环境等（四十条、四十二条）。

在起草中，对“三权”分置的法律表达有4个方面的争论。

一是土地经营权的性质是什么？

第一种观点认为：土地经营权是用益物权，是承包户将承包地流转给第三方后，第三方主体享有使用、收益、有限处分的一种用益物权，这种权利能够交易、具有使用价值和交换价值。第二种观点认为：土地经营权是依租赁合同而产生的债权。土地承包方与受让方通过合同约定权利义务，其对抗性、转让性、存续期限等符合债权特征。第三种观点认为：物权以长期存续为原则，建立在租赁合同基础上的土地经营权，期限长可视为物权，期限短则可视为债权，不能绝对化。第四种观点认为：土地经营权是实行物权保护的债权。鉴于对土地经营权性质见仁见智，这次修改农村土地承包法，以解决实践需要为出发点，只原则界定了土地经营权权利，淡化了土地经营权性质。但是，对原始取得的土地经营权和继受取得的土地经营权，在权能上还是做了些区分。

二是取得土地经营权要不要登记？

土地经营权的取得，自流转合同成立时生效。合同是当事人之间的一种合意，登记不是生效要件。登记主要针对物权变动，物权法定，不由当事人随意设定，物权变动时，需要将物权变动的事实公示，目的是防止第三人遭受损害，保障交易安全。取得土地经营权是否登记，这次修改采取了登记对抗主义而不是登记设立主义。土地经营权流转期限为5年以上的，当事人可以向登记机构申请土地经营权登记。未经登记，不得对抗善意第三人(四十一条)。

三是土地承包经营权的概念要不要保留?

在征求意见过程中，有观点提出取消土地承包经营权概念，用土地承包权取而代之。这次修改，没有采纳这种观点。2016年4月25日，习近平总书记在农村改革座谈会上指出，"建立土地承包经营权登记制度，是实现土地承包关系稳定的保证，要把这项工作抓紧抓实，真正让农民吃上'定心丸'"。第十二届全国人民代表大会第五次会议通过的民法总则规定，"农村集体经济组织的成员，依法取得农村土地承包经营权，从事家庭承包经营的，为农村承包经营户"。为此，农村土地承包经营权的概念继续保留。

四是"两权"分离与"三权"分置是什么关系?

土地集体所有权与承包经营权是承包地处于未流转状态的一组权利，是"两权"分离。土地集体所有权与土地承包权、土地经营权是承包地处于流转状态的一组权利，是"三权"分置。两组权利关系并行不悖。

二、明确了农村土地承包关系保持稳定并长久不变

落实中央关于农村土地承包关系保持稳定并长久不变的决策，确保农村土地承包制度改革于法有据，是修改农村土地承包法要考虑的又一重要问题。

2008年，党的十七届三中全会决定提出："赋予农民更加充分而有保障的土地承包经营权，现有土地承包关系要保持稳定并长久不变"。2015年，中共中央《关于加大改革创新力度加快农业现代化建设的若干意见》提出，"抓紧修改农村土地承包方面的法律，明确现有土地承包关系保持稳定并长久不变的具体实现形式"。土地承包关系从"长期稳定"到"长久不变"，目的是

给土地承包经营权人稳定的经营预期，巩固和完善农村基本经营制度。

为了有效解决土地管理中存在的地方政府违法高发多发的问题，2006 年国务院决定实施国家土地督察制度，对省、自治区、直辖市及计划单列市人民政府土地管理和土地利用情况进行督察。土地督察制度实施以来，在监督地方政府依法管地用地、维护土地管理秩序等方面发挥了重要作用。在充分总结国家土地督察制度实施成效的基础上，新《土地管理法》在总则中增加第五条，对土地督察制度作出规定：国务院授权的机构对省、自治区、直辖市人民政府以及国务院确定的城市人民政府土地利用和土地管理情况进行督察。以此为标志，国家土地督察制度正式成为土地管理的法律制度。

三、明确了维护进城落户农民的土地承包经营权

原农村土地承包法规定，“承包期内，承包方全家迁入小城镇落户的，应当按照承包方的意愿，保留其土地承包经营权或者允许其依法进行土地承包经营权流转。承包期内，承包方全家迁入设区的市，转为非农业户口的，应当将承包的耕地和草地交回发包方。承包方不交回的，发包方可以收回承包的耕地和草地”。

党的十八届五中全会决定提出，“维护进城落户农民土地承包权、宅基地使用权、集体收益分配权，支持引导其依法自愿有偿转让上述权益”。修正案按照党的十八届五中全会精神做了衔接。

2018 年，进城务工农民约有 2.8 亿人，其中，1.1 亿人在乡内务工，亦工亦农；1.7 亿人在乡外务工，离土离乡。近些年每年进城落户 1 500 万~1 600 万人。由于历史形成的城乡二元结构，城乡居民在经济权利实现上差别较大，农民形式上落户城市，但要完全融入城市将是长期的历史过程。进城务工落户农民

在承包期内的土地承包经营权、宅基地使用权和集体收益分配权，是基于其集体经济组织成员身份享有的财产性权利，在农民落户就业还处于不稳定状态时，不能剥夺其享有的上述权利。

对此，在制度设计上把握了3个原则。

第一，承包期内，农民进城落户，无论是部分成员或者举家迁入，都不以退出土地承包权为前置条件，稳定是主基调；

第二，承包期内，农民全家在城镇落户后，引导支持其依法自愿有偿转让承包地或流转土地经营权；

第三，把是否交回承包地的选择权交给进城落户农民和其原所在的集体经济组织，不代替农民和集体经济组织选择。从地方的试验看，只要补偿到位，自愿转让土地承包权是可以做到的，少数人交回承包地也是有的，补偿水平成为能否顺利转让或是否交回承包地的关键（二十七条）。

四、明确了土地经营权可以融资担保

党的十八届三中全会决定提出，在坚持和完善最严格的耕地保护制度前提下，赋予农民对承包地占有、使用、收益、流转及承包经营权抵押、担保权能。2015年12月27日，第十二届全国人大常委会第十八次会议决定，授权国务院在北京大兴区等232个试点县（市、区）行政区域，暂时调整实施物权法、担保法关于集体所有的耕地使用权不得抵押的规定，至2018年12月31日试点结束。

以承包地的土地经营权作为融资担保标的物，是以承包人对承包地享有的占有、使用、收益和流转权利为基础的，满足用益物权可设定为融资担保标的物的法定条件。随着土地承包经营权确权登记、农村土地流转交易市场完善，将承包地的土地经营权纳入融资担保标的物范围水到渠成。以承包地的土地经营权为标的物设定担保，当债务人不能履行债务，债权人依法定程序处分

担保物，只是转移了承包地的土地经营权，实质是使用权和收益权，土地承包权没有转移，承包地的集体所有性质也不因此改变。

第三方通过流转取得的土地经营权，经承包方书面同意并向发包方备案，也可以向金融机构融资担保。由于各方面对继受取得的土地经营权是物权还是债权有争议，是作为用益物权设定抵押，还是作为收益权进行权利质押，分歧很大。立法不陷入争论，以服务实践为目的，使用了土地经营权融资担保概念，这是抵押、质押的上位概念，将两种情形都包含进去，既保持与相关民法的一致性，又避免因性质之争影响立法进程（四十七条）。

五、明确了承包经营权的入股权能

党的十八届三中全会决定提出，“允许农民以承包经营权入股发展农业产业化经营”。2014 年 11 月，中办、国办《关于引导农村土地经营权有序流转发展农业适度规模经营的意见》提出，“引导农民以承包地入股组建土地股份合作组织”“允许农民以承包经营权入股发展农业产业化经营”。

对于农村土地承包经营权入股，原土地承包法是将家庭承包方式和“四荒地”招标、拍卖、公开协商承包方式分开处理的。对于家庭承包方式取得的承包地，原土地承包法将入股限定在承包方自愿联合从事农业合作生产的范围。对“四荒地”的土地承包经营权，原农村土地承包法规定可以采取入股方式流转。这次农村土地承包法修改，增加了承包方可以采用入股的方式流转土地经营权的规定，但需向发包方备案。

承包地的土地经营权采取入股方式流转，与原法规定的土地承包经营权入股发展农业合作不同，前者宽泛，包括入股法人企业，后者是入股组建土地股份合作社；前者的治理结构可以是公司制，后者是股份合作制，是特殊的法人治理结构；承包地的土地经营权入股法人企业后，能处置的只是承包地的土地经营权，土地承包权仍归承包方，集体土地所有权也不改变。对此，土地承包法仅作原则性规定，给实践留出空间，以后总结经验并制定配套规定，同时，注意与公司法等法律对接好（三十六条）。

六、明确了第二轮土地承包到期再延长三十年

党的十九大报告提出，第二轮土地承包到期后再延长30年，修正案及时将这个重大决策转化为法律规范。这样规定，既体现土地承包关系稳定的主基调，又有利于处理坚持土地集体所有与保护农民财产权的关系，有利于处理土地承包制度稳定与完善的关系，有利于处理土地流转、适度规模经营与化解人地突出矛盾的关系。

耕地承包再延长30年，综合考量了土地适度规模和集约化经营、发展现代农业、城乡人口结构大变动的宏观背景和保障农民享有平等的土地权利等多种因素，符合农村实际，与建国百年的奋斗目标也是契合的。习近平总书记2017年10月19日在参加党的十九大贵州代表团审议时说，"确定30年时间，是同我们实现强国目标的时间点相契合的。到建成社会主义强国时，我们再研究新的土地政策"。草地、林地二轮承包期届满后，按照相关规定继续延长（二十一条第二款）。

七、明确工商企业流转土地经营权的准入监管

近年来，一些工商企业投资农业，通过流转农民承包地，从事规模化经营，推动了农业结构调整，提高了农业生产力水平，但也出现借农业产业化经营之名行圈占农村土地之实，违法违规进行非农、非粮化建设，影响国家粮食安全和主要农产品供给的问题。对于工商企业进行农业产业化经营，一方面要鼓励；另一方面要求严格工商企业流转土地经营权的准入监管，总的要求是

不得改变土地集体所有权性质、不得改变土地用途、不得损害农民土地承包权益。

土地承包法规定，县级以上地方人民政府应当建立工商企业等社会资本流转土地经营权的资格审查、项目审核和风险防范制度，本集体经济组织可以收取适量管理费用。上述规定，目的是加强农地用途管制和保护农民流转土地经营权的权益，是规范而不是堵，允许工商企业进入农业提升集约化经营水平的方向没有改变。当然，要禁止借机设置门槛搞权力寻租（四十五条）。

八、明确妇女土地承包权益的保护

原农村土地承包法中对保护妇女土地承包权益已有规定。现实中侵害妇女土地承包权益，表现为通过制定村规民约，对结婚、离婚或丧偶妇女（包括入赘男）的土地承包权益、集体经济收益的分配权益等进行限制。农村土地承包是按户承包，按人分地，妇女出嫁前，是具有土地承包经营权的家庭成员。妇女如在婚入地未取得承包地，按照原农村土地承包法的规定，婚出地的发包方不得收回其承包地。如果婚出地家庭兄弟姐妹分家析产，出嫁女依然享有原家庭承包土地的财产权益。这次修法进一步明确，农户内家庭成员依法平等享有承包土地的各项权益。土地承包经营权证或者林权证应当将具有土地承包经营权的全部家庭成员列入（十六条、二十四条）。

这个问题还涉及村民委员会组织法和妇女权益保障法。两法规定，“村民自治章程、村规民约以及村民会议或者村民代表会议的决定不得与宪法、法律、法规和国家的政策相抵触，不得有侵犯村民的人身权利、民主权利和合法财产权利的内容”“任何组织和个人不得以妇女未婚、结婚、离婚、丧偶等为由，侵害妇女在农村集体经济组织中的各项权益。因结婚男方到女方住所落户，男方和子女享有与所在地农村集体经济组织成员平等的权益”。

对上述规定，在修改相关法律时增加法律责任，将违反法律规定的村民自治章程和村规民约及村民会议或者村民代表会议决定，明确为侵害妇女土地承包权益的违法行为；建立对村规民约的审查机制，规定乡镇政府依法对村民自治章程和村规民约的备案审查，对出现侵害妇女承包权益的及时责令改正；完善救济途径，赋予妇女向人民法院申请撤销侵害妇女承包权益的村民自治章程、村规民约及村民会议或者村民代表会议决定的权利等。

九、授权确认农村集体经济组织成员身份

有意见提出，应在农村土地承包法中对农村集体经济组织成员身份认定做出规定。因为只有具有农村集体经济组织成员身份，才拥有土地承包经营权，丧失成员身份，就不再享有土地承包经营权。随着第二轮土地承包陆续到期，农村集体经济组织成员身份确认问题已十分迫切。

鉴于自人民公社制度解体以来，集体经济组织成员身份边界不清问题由来已久，十分复杂。经反复权衡，修正案只作出衔接性规定，对确认农村集体经济组织成员身份的原则、程序等留给其他法律或法规具体规定（六十九条）。

第四节　关于设施农业用地管理有关问题

随着农业现代化水平不断提升，设施农业生产日益增多，用地面临新的情况和需求。为改进用地管理，建立长效机制，促进现代农业健康发展，自然资源部、农业农村部就设施农业用地管理有关问题提出以下意见。

一、设施农业用地包括农业生产中直接用于作物种植和畜禽水产养殖的设施用地

其中，作物种植设施用地包括作物生产和为生产服务的看护房、农资农机具存放场所等以及与生产直接关联的烘干晾晒、分拣包装、保鲜存储等设施用地；畜禽水产养殖设施用地包括养殖生产及直接关联的粪污处置、检验检疫等设施用地，不包括屠宰和肉类加工场所用地等。

二、设施农业属于农业内部结构调整，可以使用一般耕地，不需落实占补平衡

种植设施不破坏耕地耕作层的，可以使用永久基本农田，不需补划；破坏耕地耕作层，但由于位置关系难以避让永久基本农田的，允许使用永久基本农田但必须补划。养殖设施原则上不得使用永久基本农田，涉及少量永久基本农田确实难以避让的，允许使用但必须补划。

设施农业用地不再使用的，必须恢复原用途。设施农业用地被非农建设占用的，应依法办理建设用地审批手续，原地类为耕地的，应落实占补平衡。

三、各类设施农业用地规模由各省（区、市）自然资源主管部门会同农业农村主管部门根据生产规模和建设标准合理确定

其中，看护房执行“大棚房”问题专项清理整治整改标准，养殖设施允许建设多层建筑。

四、市、县自然资源主管部门会同农业农村主管部门负责设施农业用地日常管理

国家、省级自然资源主管部门和农业农村主管部门负责通过

各种技术手段进行设施农业用地监管。设施农业用地由农村集体经济组织或经营者向乡镇政府备案，乡镇政府定期汇总情况后汇交至县级自然资源主管部门。涉及补划永久基本农田的，须经县级自然资源主管部门同意后，方可动工建设。

各省（区、市）自然资源主管部门会同农业农村主管部门制定具体实施办法，并报自然资源部备案。《国土资源部、农业部关于进一步支持设施农业健康发展的通知》（国土资发〔2014〕127 号）已到期，自动废止。

第六章　完善强农惠农政策，促进农业增收农民致富

第一节　对农民直接补贴资金项目

中央财政农业生产发展资金主要用于对农民直接补贴以及支持农业绿色发展、乡村产业发展、农业结构调整、新型经营主体培育等方面工作，具体如下。

一、稳定实施直接补贴政策

1. 耕地地力保护补贴

继续按照《财政部、农业部关于全面推开农业“三项补贴”改革工作的通知》（财农〔2016〕26号）有关要求执行，保持政策的连续性、稳定性，确保广大农民直接受益。省级财政、农业农村部门要切实强化耕地地力保护补贴政策实施管理，进一步完善补贴方式，严格补贴发放程序，切实加强补贴监管，严肃依法查处虚报冒领、骗取套取、挤占挪用等行为，确保补贴及时足额发放到位。上年补贴结转资金要与当年资金一并安排使用。要指导督促基层部门及时逐级汇总上报耕地地力保护补贴发放具体情况（包括补贴对象、补贴依据、补贴标准、发放时间、发放方式、结转结余资金等），于每年8月31日前形成省域范围内完整补贴发放数据资料，以备待查。鼓励各省逐步将补贴发放与土地确权面积挂钩。对于土地流转、补贴由土地承包者领取的，各地

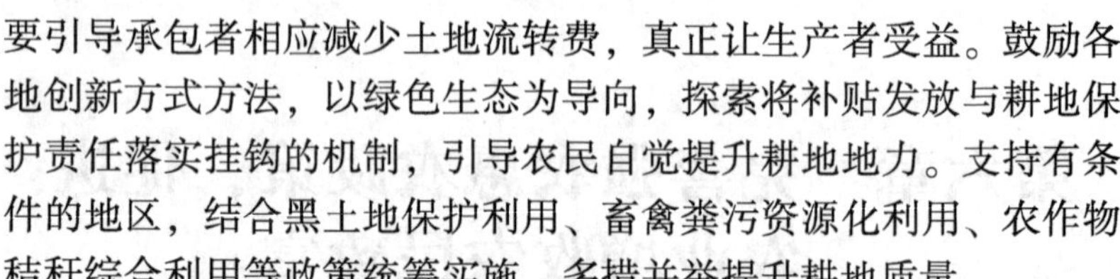

要引导承包者相应减少土地流转费，真正让生产者受益。鼓励各地创新方式方法，以绿色生态为导向，探索将补贴发放与耕地保护责任落实挂钩的机制，引导农民自觉提升耕地地力。支持有条件的地区，结合黑土地保护利用、畜禽粪污资源化利用、农作物秸秆综合利用等政策统筹实施，多措并举提升耕地质量。

2. 农机购置补贴

政策框架和操作方式继续按照《2018—2020年农机购置补贴实施指导意见》执行，对购买国内外农机产品一视同仁，最大限度发挥政策效益。紧紧围绕农业高质量发展、实施乡村振兴战略、农业机械化全程全面高质高效发展的新需求，科学确定补贴范围，优先保证粮食等主要农产品生产所需机具和助力脱贫攻坚、支持农业绿色发展机具的补贴需要，增加畜禽粪污资源化利用机具品目。着力提升政策实施便民、利民水平，推进实现农机购置补贴辅助管理系统常年开放，全面实行企业参与购置补贴的机具信息网上报送，大力推广购机者通过手机App等物联网技术申请补贴，落实补贴资金限时兑付制，进一步提升政策实施满意度。规范核验手续，强化补贴机具核验监管。及时公开机具资质信息，规范补贴机具投档流程，便利企业投送补贴机具信息。严惩违规行为，加强农业农村、财政等部门联合查处，全面实行企业一省违规、全国联动查处，让违规产销企业"一处失信、处处受限"。

推进补贴资金使用与管理方式创新。在北京、上海、江西等省（市）开展农机购置综合补贴试点，探索创新补贴资金使用与管理方式，结合实际选择大型拖拉机、青饲料收获机、联合收割机作为试点机具，支出方向可包括购置补贴、贷款贴息、融资租赁承租补助等。在四川省利用农机购置补贴资金开展农机化发展综合奖补试点，支出方向可包括机具的购置补贴、作业补贴、贷款贴息、融资租赁承租补助等。支持试点省份以信息化为支

撑，完善工作措施，打通补贴申请、机具识别、作业轨迹监测等方面的数据通道，探索更加安全、高效、便民的补贴机具核验与补贴资金申领模式。上述试点省份农机化、财政部门应加快研究制订试点方案，报农业农村部、财政部备案同意后组织实施。

二、持续推进农业绿色发展

1. 全面推进畜禽粪污资源化利用

贯彻落实《国务院办公厅关于加快推进畜禽养殖废弃物资源化利用的意见》（国办发〔2017〕48 号），按照政府支持、企业主体、市场化运作的原则，继续支持畜牧大县开展畜禽粪污资源化利用工作，实现畜牧大县粪污资源化利用整县治理全覆盖，确保 2020 年如期完成目标任务。具体工作另行通知。

2. 推广地膜回收利用和旱作节水技术

下大力气治理白色污染，加快建立地膜使用和回收利用机制，继续在内蒙古、甘肃和新疆等省（区）支持 100 个县整县推进废旧地膜回收利用，鼓励其他地区自主开展探索，建立健全完善废旧地膜回收加工体系，推动建立经营主体上交、专业化组织回收、加工企业回收、以旧换新等多种方式的回收利用机制，并探索“谁生产、谁回收”的地膜生产者责任延伸制度。严格市场准入，禁止生产使用不达标地膜。支持有条件地区集中开展适宜作物全生物可降解地膜替代和新疆棉区机械化回收。以玉米、马铃薯、棉花、蔬菜、瓜果等作物为重点，示范推广水肥一体化、集雨补灌、蓄水保墒、抗旱抗逆等旱作节水技术，提高天然降水和灌溉用水利用效率。

3. 推进有机肥替代化肥

支持重点县实施果菜茶有机肥替代化肥，工作推进要与畜禽粪污资源化利用整县治理相结合，支持农民和新型经营主体使用畜禽粪污资源化利用产生的有机肥，集中推广堆肥还田、商品有机肥施用、沼渣沼液还田、自然生草覆盖等技术模式，配套设施设备，集中连片推进实施。鼓励采取政府购买服务等方式，开展有机肥统供统施等社会化服务，探索一批“果沼畜”“菜沼畜”“茶沼畜”等生产运营模式，促进果菜茶提质增效和资源循环利用。

4. 开展农机深松整地

根据《全国农机深松整地作业实施规划（2016—2020年）》，支持适宜地区开展农机深松整地作业，作业面积 1.4 亿亩以上，作业深度一般要求达到或超过 25 厘米，打破犁底层。充分利用信息化监测手段保证深松作业质量，提高监管工作效率。

5. 实施重点作物绿色高质高效行动

继续以重点县为单位实施绿色高质高效行动，突出水稻、小麦、玉米三大谷物，大豆、特色杂粮杂豆，油菜、花生等油料作物以及棉花、糖料、果菜茶、中药材等经济作物，集成推广“全环节”绿色高质高效技术模式，探索构建“全过程”社会化服务体系和“全产业链”生产模式，辐射带动“全县域”生产水平提升，努力增加绿色优质农产品供给。

三、发展壮大乡村产业

1. 推动优势特色主导产业发展

围绕区域优势特色主导产业，打造一批特色优势明显、产业基础好、发展潜力大、竞争力强的特色产业集聚区，示范引导一村一品、一镇一特、一县一业发展，推动优势特色产业走产出高效、产品安全、资源节约、环境友好的农业现代化道路，满足群众消费结构加快升级的需要。支持聚焦种植业、畜牧业、渔业三大产业和粮油、果茶、蔬菜、中药材、畜禽、水产六大品种，选择地理特色鲜明、具有发展潜力、市场认可度高的 200 个地理标

志农产品，开展保护提升，打造特色产业，创响一批“土字号”“乡字号”特色产品品牌。各地可结合实际，统筹利用中央和地方相关财政补助资金，改善地理标志农产品生产设施条件，推进规模化、标准化、绿色化生产，加强品牌培育和知识产权保护。继续实施绿色循环优质高效特色农业促进项目，具体工作另行通知。

2. 创建国家现代农业产业园

按照中央支持、地方负责、市场主导的发展思路，坚持高标准、严要求、宁缺毋滥，突出产业兴旺和联农增收机制创新两大任务，继续创建一批国家现代农业产业园，着力改善产业园基础设施条件和提升公共服务能力。农业农村部、财政部将加强创建工作督导和考核，对创建成效突出、辐射带动有力、绩效考核合格的产业园，择优认定为国家现代农业产业园。具体工作另行通知。

3. 开展农业产业强镇示范建设

继续以乡镇为平台实施产业兴村强县行动，建设一批产业兴旺、经济繁荣、绿色美丽、宜业宜居的农业产业强镇。支持符合条件的乡镇，聚焦主导产业，发展壮大乡村产业，加快培育一批产业生产经营市场主体，创新农民利益联结机制，将农业产业强镇示范建设作为引领乡村产业振兴的样板田和火车头，推动产业融合、产城融合、城乡融合。具体工作另行通知。

4. 推进信息进村入户

按照“政府引导、市场主体”原则，支持河北、天津等省（市）开展益农信息社整省推进建设。严格按照《农业部关于全面推进信息进村入户工程的实施意见》（农市发〔2016〕7号）要求组织实施，依据“六有”标准建设益农信息社，优先覆盖贫困地区，到2019年年底益农信息社覆盖率要达到80%以上。强化资源聚集，充分聚合农业农村部门自身和其他涉农政府部门服务资源，确保公益服务有效落地，引导更多企业对接服务内容，提升便民服务、电子商务、培训体验服务水平，推进“互联网+”农产品出村进城，将益农信息社打造成为农服务的一站式窗口。强化建设运营机制构建，切实落实部门职责，完善运营规范，选好用好运营主体，真正实现可持续运营。切实提升网络安全和信息安全防护能力，有效防控技术风险、经营风险和法律风险。

5. 深化基层农技推广体系改革建设

支持实施意愿高、完成任务好的农业县承担体系改革建设任务，提升基层农技人员服务能力和水平，建设一批国家农业科技示范展示基地，推广应用一批符合优质安全、节本增效、绿色发展的重大技术模式。加快农技推广信息化建设，提高中国农技推广 App 覆盖面和使用率。继续在江苏、浙江等 8 个省开展农业重大技术协同推广试点，支持其他省份自主开展协同推广试点。在贫困地区实现农技推广服务特聘计划全覆盖和贫困村农技员服务全覆盖。

6. 开展农村集体资产清产核资

继续按照原农业部、财政部等部门联合印发的《关于全面开展农村集体资产清产核资工作的通知》（农经发〔2017〕11 号）要求组织实施，重点清查未承包到户的资源性资产和集体统一经营的经营性资产以及现金、债权债务等，查实存量、价值和使用情况，做到账证相符和账实相符，将集体资产确权到乡镇、村、组集体经济组织成员集体。2019 年再选择 10 个左右省、30 个左右地市、200 个左右县整建制开展农村集体产权制度改革试点，鼓励地方自主扩大试点。

四、调整优化农业结构

1. 扩大耕地轮作休耕制度试点

2019 年轮作休耕试点面积 3 000 万亩。其中，轮作试点 2 500 万亩，在东北四省区、黄淮海地区和长江流域开展玉米大豆、水稻油菜等轮作；休耕试点 500 万亩，在地下水漏斗区、重金属污染区、西南石漠化区、西北生态严重退化地区实施。具体工作另行通知。

2. 推动奶业振兴和畜牧业转型升级

实施奶业振兴行动，加快发展草牧业，积极推进粮改饲，实施面积 1 200 万亩以上，因地制宜发展苜蓿、青贮玉米、燕麦草等优质饲草料，支持优质奶源基地和草畜紧密配套的肉牛肉羊生产基地建设。支持非畜牧大县生猪等主要畜种规模养殖场开展粪污治理。在内蒙古自治区、四川省等 8 个主要草原牧区对项目区内使用良种精液开展人工授精的肉牛养殖场（小区、户）以及存栏能繁母羊 30 只以上、牦牛能繁母牛 25 头以上的养殖户进行适当补助。支持内蒙古自治区在锡林郭勒盟选择部分旗县，在草畜平衡基础上开展“增牛减羊提质增效”示范行动。鼓励和支持推广应用优良种猪和精液，加快生猪品种改良。在黑龙江、江苏等 10 个蜂业主产省实施蜂业质量提升行动，建设高效优质蜂产业发展示范区，开展蜜源植物保护利用、蜜蜂遗传资源保护利用、良种繁育推广、现代化养殖加工技术及设施推广应用和蜂产品质量管控体系建设。

3. 支持地下水超采综合治理区种植结构调整

继续以河北省黑龙港流域为重点，以休耕为重点开展种植结构调整，推广水肥一体化、设施棚面集雨、测墒灌溉、抗旱节水品种等农艺节水措施，建立旱作雨养种植的半休耕制度。

4. 支持重金属污染耕地治理修复和种植结构调整

继续以湖南省长株潭地区为重点，开展产地与产品重金属监测，进一步加强修复治理和安全利用示范，继续推广 VIP（品种替代、灌溉水源净化、pH 值调节）等污染耕地安全利用技术模式，探索可复制、可推广的污染耕地安全利用模式。巩固种植结构调整成果，完善耕地休耕制度。

五、大力培育新型经营主体

1. 实施新型职业农民培育工程

围绕农业职业经理人、现代青年农场主、农村实用人才带头人、新型农业经营主体骨干和农业产业扶贫对象等，培育更多爱农业、懂技术、善经营的新型职业农民。各地要精准培育对象，精选培育内容，加强师资队伍建设，遴选一批培育示范基地、实训基地和农民田间学校，因地制宜、分层分类分段式开展培训工作，提升培育的针对性、规范性和有效性。要创新培训机制，探索以政府购买服务的方式支持农民合作社和龙头企业等主体承担培训工作。要创新培训方式和手段，依托全国农业科教云平台和云上智农 App 开展在线学习、在线服务和在线考核，实现线上与线下培训的学时学分有效衔接。要完善支持政策，加强职业农民制度建设，促进职业农民全面发展。

2. 支持农民合作社和家庭农场等主体高质量发展

支持制度健全、管理规范、带动力强的县级以上农民合作社示范社及农民合作社联合社高质量发展，鼓励各地开展农民合作社质量提升整县推进。启动家庭农场培育计划，指导各地按照"完善认定、示范创建、普惠支持、服务提升"要求，从小农户中逐步培育一大批规模适度的家庭农场，支持有条件的地方把家庭农场培育成新型农业经营体系的主导力量。积极发展家庭牧场和奶农合作社。支持农民合作社和家庭农场应用先进技术，提升

绿色化标准化生产能力，建设清选包装、冷藏保鲜、烘干等产地初加工设施，开展“三品一标”认证和品牌建设等，提高产品质量水平和市场竞争力。鼓励各地通过政府购买服务方式，委托专业机构或专业人才为农民合作社和家庭农场提供政策咨询、生产控制、财务管理、技术指导、信息统计等服务。支持培育农业产业化联合体，依托龙头企业，带动农民合作社和家庭农场，开展全产业链技术研发、集成中试、加工设施建设、技术装备升级，建设农产品生产标准化、特征标志化、营销电商化原料基地。

3. 大力推进农业生产社会化服务

支持供销合作社、农村集体经济组织、专业服务公司、服务型农民合作社和家庭农场等具有一定能力、可提供有效稳定服务的主体，结合当地主导产业发展，选择2~3个关键环节和农民急需的关键领域，为从事粮棉油糖等重要农产品和当地特色主导产业生产的农户提供以生产托管为主的社会化服务，提升服务组织服务能力，集中连片推广绿色生态高效现代农业生产方式，把小农户生产引入现代农业发展轨道。鼓励各地采取政府购买服务等方式，实行先服务后补助，根据当地小农户需要发展多环节托管、关键环节托管和全程托管等模式，提升农业生产社会化服务的专业化、规模化水平。积极发挥供销合作社在农业生产社会化服务中的作用，支持符合条件的供销合作社承担农业生产社会化服务任务，承担的任务量不低于当地农业生产社会化服务总任务量的15%。

4. 完善农业信贷担保体系建设

各地要加快健全农业信贷担保体系，推动农业信贷担保服务网络向市县延伸，扩大在保贷款余额和在保项目数量，进一步缓解新型农业经营主体“贷款难、贷款贵”问题。要切实加大对贫困地区农业产业发展和新型农业经营主体的担保支持力度，并实施最优惠的担保费率。2019年暂停利用适度规模经营补贴向农业信贷担保机构注入资本金。各省要尽快建立完善担保费用补助、业务奖补和绩效考核政策，降低农业贷款主体融资成本，强化激励约束，确保财政奖补资金惠及农业贷款主体，也要防止农业信贷担保公司经营风险向财政转移。财政补助后的综合担保费率（担保公司向贷款主体收取费用和财政补助之和）不超过3%的情况下，农业贷款主体实际承担的综合信贷成本（贷款利率、贷款主体承担的担保费率、增值服务费率等各项之和）原则上不超过8%。为稳定生猪生产，鼓励农业信贷担保机构在政策规定和风险可控的前提下，为种猪场和存栏5 000头以上的生猪规模养殖场提供信贷担保，并允许各地利用适度规模经营资金，对一定期间内实际发生的贷款给予贴息。具体工作另行通知。

六、农业资源及生态保护补助资金项目

中央财政农业资源及生态保护补助资金主要用于耕地质量提升、渔业资源保护、对农牧民的补助奖励等方面的支出。

1. 支持耕地质量提升

支持耕地质量提升主要开展3项工作：一是耕地保护与质量提升。突出土壤酸化、盐渍化等耕地质量退化区域和设施农业土壤连作障碍严重区域，集中连片推广土壤改良、地力培肥、治理修复等综合技术模式。推进科学施肥，选择一批重点县开展化肥减量增效示范，采取政府购买服务、物化补助等方式，支持农户和新型农业经营主体应用化肥减量增效新技术新产品，引导企业和社会化服务组织开展科学施肥技术服务。继续支持做好耕地质量等级调查评价与监测、取土化验、田间肥效试验、肥料配方制定发布、测土配方施肥数据成果开发应用等工作。二是东北黑土地保护利用。贯彻落实《东北黑土地保护规划纲要（2017—2030年）》，在东北四省（区）继续推进黑土地保护利用，并与高标

准农田建设统筹实施。相关省份要建立集中连片示范区，集中展示一批黑土地保护利用技术模式，项目县实施示范面积20万亩以上，整建制推进项目县示范面积50万亩以上。支持各地利用农作物秸秆综合利用、农机深松整地、畜禽粪污资源化利用等资金，协同推进黑土地保护利用工作。鼓励新型农业经营主体和社会化服务组织承担实施任务。三是农作物秸秆综合利用。在全国范围内推进农作物秸秆综合利用工作，实行整县集中推进。各地要结合实际，突出重点地区，坚持农用优先、多元利用的原则，培育一批产业化利用主体，打造一批全量利用样板县，稳步提高省域内秸秆综合利用能力，激发秸秆还田、离田、加工利用等各环节市场主体活力，探索可推广、可持续的秸秆综合利用模式，建立秸秆综合利用稳定运行机制。

2. 渔业资源保护

渔业资源保护主要开展2项工作：一是重点水域渔业增殖放流。在流域性大江大湖、界江界河、资源衰退严重海域等重点水域开展渔业增殖放流。各地要提高增殖放流的科学性和有效性，严格贯彻落实《农业部办公厅关于进一步规范水生生物增殖放流工作的通知》（农办渔〔2017〕49号）要求，防范外来物种入侵和种质资源污染，提高供苗质量；规范增殖放流全程监管，完善苗种招标采购、放流跟踪监测等制度，做好水生生物资源养护信息系统相关数据填报，加强绩效评估工作，加大对渔业增殖放流资金投入；贯彻落实增殖放流违法违规供苗单位通报制度；严格执行休禁渔制度，沿海各省（区、市）要认真落实海洋渔业资源总量管理制度，维护好渔业增殖放流成果。二是开展长江流域重点水域禁捕。中央财政采取一次性补助与过渡期补助相结合的方式，对长江流域重点水域禁捕工作给予支持，整体切块下达，由各沿江省市统筹使用。具体要求按照《农业农村部、财政部、人力资源社会保障关于印发〈长江流域重点水域禁捕和建立补偿制度实施方案〉的通知》（农长渔发〔2019〕1号）执行，2019年重点完成水生生物保护区全面退捕和统筹推进保护区以外重点水域禁捕工作。

3. 落实对农牧民的补助奖励政策

具体要求按照《农业部办公厅、财政部办公厅关于印发〈新一轮草原生态保护补助奖励政策实施指导意见（2016—2020年）〉的通知》（农办财〔2016〕10号）执行。对农牧民的相关补助奖励资金原则上通过“一卡（折）通”发放，要强化公开公示，广泛接受群众监督，确保及时足额发放到位。

七、动物防疫等补助经费项目

中央财政动物防疫等补助经费主要用于动物疫病强制免疫、强制扑杀、养殖环节无害化处理三方面支出。

1. 强制免疫补助

强制免疫补助主要用于开展口蹄疫、高致病性禽流感、H7N9流感、小反刍兽疫、布病、包虫病等动物疫病强制免疫疫苗（驱虫药物）采购、储存、注射（投喂）及免疫效果监测评价、人员防护等相关防控工作，对实施强制免疫和购买动物防疫服务等予以补助。各地要大力推进强制免疫的“先打后补”，确保辖区内规模养殖场在2020年全面实现“先打后补”。

2. 强制扑杀补助

强制扑杀补助主要用于国家在预防、控制和扑灭动物疫病过程中，对被强制扑杀动物的所有者给予补偿。纳入强制扑杀中央财政补助范围的疫病种类包括非洲猪瘟、口蹄疫、高致病性禽流感、H7N9流感、小反刍兽疫、布病、结核病、包虫病、马鼻疽和马传贫。强制扑杀补助经费由中央财政和地方财政共同承担。

3. 养殖环节无害化处理补助

中央财政根据国家统计局公布的生猪饲养量和合理的生猪病

死率、实际处理率测算各省无害化处理补助经费，下达省级财政部门，主要用于养殖环节病死猪无害化处理支出。

八、农业生产救灾资金项目

中央财政农业生产救灾资金主要用于重大农业自然灾害应急救助、重大农作物病虫害防治等方面支出。

1. 农业生产应急救灾

坚持“地方先救灾、中央后补助”，对于区域性重大农业自然灾害，在地方先行救灾基础上，中央财政予以适当补助。中央财政补助资金主要用于抗灾救灾和灾后恢复生产所需物资购置、受损设施修复、死亡动物无害化处理以及灾害监测预防评估等方面。

2. 农作物重大病虫害防治

用于农区蝗虫、小麦、水稻等主要农作物重大病虫害、柑橘黄龙病、马铃薯甲虫等重大农业植物疫情的统防统治、绿色防控和应急防治补助，鼓励病虫害防治服务组织和生产者推广应用生物防治、生态控制、理化诱控和科学用药等综合防治措施，确保重大病虫疫情不大面积暴发成灾、蝗虫不起飞为害。

第二节　全面推开农业“三项补贴”改革

2015年，经国务院同意，财政部、农业部印发了《关于调整完善农业三项补贴政策的指导意见》（财农〔2015〕31号），在全国范围内从农资综合补贴中调整20%的资金，加上种粮大户补贴试点资金和农业“三项补贴”增量资金，统筹用于支持粮食适度规模经营，重点用于支持建立完善农业信贷担保体系，同时，选择部分省开展试点，将农作物良种补贴、种粮农民直接补贴和农资综合补贴合并为农业支持保护补贴，政策目标调整为支持耕地地力保护和粮食适度规模经营。从试点情况看，调整完善农业“三项补贴”政策方向正确，目标明确，操作简便，取得了预期效果。在总结试点经验的基础上，2016年在全国全面推开农业“三项补贴”改革，有关事项如下。

一、重要意义

推进农业“三项补贴”改革，是按照中央“稳增长、促改革、调结构、惠民生”总体部署做出的重大政策调整，是主动适应经济发展新常态、顺应农业发展新形势的重要举措，是供给侧结构性改革在农业生产领域的具体体现。全面推开农业“三项补贴”改革以绿色生态为导向，推进农业“三项补贴”由激励性补贴向功能性补贴转变、由覆盖性补贴向环节性补贴转变，提高补贴政策的指向性、精准性和实效性。各地要充分认识全面推开农业“三项补贴”改革的重要意义，把思想和行动统一到中央的决策部署上来，精心组织，周密部署，确保改革工作平稳顺利推进。

1. 有利于提高政策的指向性、精准性和实效性

将农业“三项补贴”中直接发放给农民的补贴与耕地地力保护挂钩，明确撂荒地、改变用途等耕地不纳入补贴范围，鼓励农民秸秆还田，不露天焚烧，主动保护耕地地力，加强农业生态资源保护意识，实现“藏粮于地”，使政策目标指向更加精准，政策效果与政策目标更加一致，促进了支农政策“黄箱”改“绿箱”，进一步拓展了支持农业发展和农民增收的政策空间。同时，统一资金审核和发放程序，减少了工作环节，减轻了基层负担，节约了时间和成本，提高了工作效率。

2. 有利于促进粮食适度规模经营

当前农业虽然保持增量增收的好势头，但数量与质量、总量与结构、投入与产出、成本与效益、生产与环境等方面矛盾日益

上升，特别是家庭小规模经营仍占大多数，一定程度上限制了农业劳动生产率的提高，影响了农业现代化进程。通过政策引导，加快培育新型经营主体、培养新型职业农民，鼓励多种形式的粮食适度规模经营，有利于推动农业生产加快进入规模化、产业化、社会化发展新阶段，符合现代农业发展方向。

3. 有利于推动农村金融加快发展

长期以来，农民“融资难、融资贵”问题始终得不到很好解决，一定程度上影响了农业农村发展和农民增收致富。通过调整部分资金支持建立健全农业信贷担保体系，并强调其政策性、独立性和专注性，既是撬动金融和社会资本支持现代农业建设，有效缓解农业农村发展资金不足问题的重要手段，也是新常态下创新财政支农机制，放大财政支农政策效应的重要举措，同时，兼顾了效率与公平，适应农业产业升级对金融支持的需要，也有利于推动农村金融发展。

二、主要内容

2016年开始，在全国全面推开农业“三项补贴”改革，即将农业“三项补贴”合并为农业支持保护补贴，政策目标调整为支持耕地地力保护和粮食适度规模经营。中央财政已将2016年用于耕地地力保护的农业支持保护补贴资金全部提前下达，其中，下达黑龙江省、广东省和新疆维吾尔自治区的资金，包含了需兑付给直属垦区农场和兵团团场职工的用于耕地地力保护的资金，由农业部直属垦区、新疆生产建设兵团商当地省级财政、农业农村部门研究落实；年度执行中下达的农业支持保护补贴资金全部用于支持粮食适度规模经营；中央财政通过上划部门预算下达农业部直属垦区、新疆生产建设兵团、中储粮总公司的农业支持保护补贴资金，全部用于支持粮食适度规模经营。

1. 加强耕地地力保护

用于耕地地力保护的补贴资金，其补贴对象原则上为拥有耕地承包权的种地农民；补贴依据可以是二轮承包耕地面积、计税耕地面积、确权耕地面积或粮食种植面积等，具体以哪一种类型面积或哪几种类型面积，由省级人民政府结合本地实际自定；补贴标准由地方根据补贴资金总量和确定的补贴依据综合测算确定。对已作为畜牧养殖场使用的耕地、林地、成片粮田转为设施农业用地、非农业征（占）用耕地等已改变用途的耕地以及长年抛荒地、占补平衡中“补”的面积和质量达不到耕种条件的耕地等不再给予补贴。鼓励各地创新方式方法，以绿色生态为导向，提高农作物秸秆综合利用水平，引导农民综合采取秸秆还田、深松整地、减少化肥农药用量、施用有机肥等措施，切实加强农业生态资源保护，自觉提升耕地地力。

2. 促进粮食适度规模经营

用于粮食适度规模经营的补贴资金，原则上以 2016 年的规模为基数，每年从农业支持保护补贴资金中予以安排，以后年度根据农业支持保护补贴的预算安排情况同比例调整，支持对象重点向种粮大户、家庭农场、农民合作社和农业社会化服务组织等新型经营主体倾斜，体现“谁多种粮食，就优先支持谁”。各地要坚持因地制宜、简便易行、效率与公平兼顾的原则，进一步优化资源配置，提高农业生产率、土地产出率和资源利用率。鼓励各地创新新型经营主体支持方式，采取贷款贴息、重大技术推广与服务补助等方式支持新型经营主体发展多种形式的粮食适度规模经营，不鼓励对新型经营主体采取现金直补。对新型经营主体贷款贴息可按照不超过贷款利息的50%给予补助。对重大技术推广与服务补助，可以采取“先服务后补助”、提供物化补助等方式。要加快推进农业社会化服务体系建设，在粮食生产托管服务、病虫害统防统治、农业废弃物资源化利用、农业面源污染防

治等方面，积极采取政府购买服务等方式支持符合条件的经营性服务组织开展公益性服务，积极探索将财政资金形成的资产折股量化到组织成员。

近几年，用于粮食适度规模经营的补贴资金，要按照财政部、农业部、银监会印发的《关于财政支持建立农业信贷担保体系的指导意见》（财农〔2015〕121号）要求，重点支持建立健全农业信贷担保体系，中央财政下达地方用于支持粮食适度规模经营的农业支持保护补贴资金统筹用于资本金注入、担保费用补助、风险补偿等方面，通过强化银担合作机制，着力解决新型经营主体在粮食适度规模经营中的“融资难、融资贵”问题，力争用3年时间建立政策性、独立性、专注于农业、覆盖全国的农业信贷担保体系。各地要充分发挥财政注入资本金的作用，尽快启动农业信贷担保业务运营，并根据业务开展情况，合理确定财政注入资本金的规模和节奏。

三、保障措施

农业“三项补贴”改革事关广大农民群众切身利益和农业农村发展大局，事关国家粮食安全和农业可持续发展，地方各级人民政府及财政、农业部门要切实加强组织领导，细化政策措施，注重宣传引导，加大工作力度，确保完成各项改革任务。

1. 加强组织领导

农业“三项补贴”改革工作由省级人民政府负总责，地方各级财政部门、农业部门具体组织实施。要建立健全工作机制，明确责任分工，密切部门合作，抓好工作落实。要结合本地区实际，抓紧制订实施方案，务必于2017年6月30日前将需兑现到农民手中的补贴资金发放到位，让农民群众吃上“定心丸”。要做好政策宣传和舆论引导工作，主动与社会各方面特别是基层干部和农民群众进行沟通交流，赢得理解和支持。地方各级财政部门要安排相应工作经费，保障各项工作有序推进。各省份实施方案在报送省级人民政府审定前要与财政部、农业部充分沟通，正式印发后要及时报送财政部、农业部备案。

2. 加强资金管理

中央财政农业支持保护补贴资金按照耕地面积、粮食产量、适度规模经营发展等因素测算切块到省级财政，由各省份结合本地实际确定补贴对象、补贴方式和补贴标准。省级财政、农业部门要切实做好资金拨付和监管工作，督促县级财政、农业部门做好基础数据采集审核、补贴资金发放等工作。农业“三项补贴”改革后，中央财政不再安排农作物良种补贴资金，各地农作物良种推广工作可以根据需要从上级和本级财政安排的农业技术推广与服务补助资金中统筹解决。对于骗取、套取、贪污、挤占、挪用农业支持保护补贴资金的，或违规发放补贴资金的行为，要依法依规严肃处理。

3. 加强督导考核

各省级财政、农业部门要密切跟踪农业“三项补贴”改革工作情况，加强信息沟通，重大问题及时报告财政部、农业农村部。财政部、农业农村部将强化监管督导检查，研究制定资金管理办法和绩效管理制度，适时对各地农业支持保护补贴政策落实情况开展绩效考核，考核结果将作为以后年度农业支持保护补贴资金分配的重要因素。

第三节 农业保险政策

一、中央财政农业保费补贴保险产品政策

农业农村部、财政部和保监会联合发布《关于进一步完善中央财政农业保费补贴保险产品政策拟订工作的通知》，要求农业

保险提供机构对种植业保险及能繁母猪、生猪、奶牛等按头（只）保险的大牲畜保险条款中不得设置绝对免赔。同时，要依据不同品种的风险状况及民政、农业部门的相关规定，科学合理地设置相对免赔。

1. 什么是农业保险

农业保险是国家推出的一项惠农政策。农业受气候灾害、地质灾害、病虫害等影响很大，通过购买保险，农户能在受到灾害影响后，获得保险公司的理赔，从而将农业损失降到最低。目前中央财政保费补贴涵盖种植、养殖、林业三大类15个品种，基本覆盖了主要的大宗农产品，各级财政合计保费补贴比例平均达到75%~80%。

当前我国正处于推进农业现代化的新时期，农业生产逐步向适度规模经营转变，投入的规模更大、面临的风险更高，因此，我们干农业的，应该学会利用国家的农业保险来降低自己的投资风险。

2. 什么是绝对免赔额

例如，你买的小麦保险，最高赔偿额是300元/亩，保险公司设置的绝对免赔额30元（10%），那么如果发生了灾害，你的损失在30元以内，保险公司不予赔偿。只有在发生灾害后，你的损失在30元以上300元以下，保险公司才会赔偿。取消绝对免赔额后，意味着你花同样的保费，能够得到更高的赔偿。

3. 国家如何补贴保费

由于我国幅员辽阔，各地农业的发展情况和面临的风险各不相同，例如海南受台风灾害较多，西南地区受泥石流等灾害较多，中原地区受干旱灾害较多……因此，各省农业保险的品种、范围、保费以及赔偿金额都不一样。以山东省为例，山东省2015年对小麦、玉米和棉花保险费率进行调整，小麦保费由每亩10元提高到15元，保险金额由每亩320元提高到375元；玉米保费由每亩10元提高到15元，保险金额由每亩300元提高到350元；棉花保费由每亩18元提高到30元，保险金额由每亩450元提高到500元。为规范作物签约期，避免承保公司补贴资金跨年度挂账问题，小麦签约期调整为每年的1月20日前，玉米为7月15日前，棉花为5月31日前。

保费补贴方面，山东省为国家和省级财政负担50%、地方财政负担30%，农户负担20%的比例给予补贴，也就是说，山东省农民一亩小麦地保费15元，自已只需要缴3元就可以，如果发生灾害，保险公司最高会赔偿375元/亩。

如何购买和理赔

签订合同：在自愿的基础上，以村为单位统一投保，投保单位与承保公司签订保险合同（附参保农户投保明细单，同时，提供投保农户身份证号及一卡通账号）。村里没有统一投保的，投保农户与承保公司签订保险合同，投保人应及时缴纳应承担的保费。保险合同须按品种（小麦、玉米、棉花等）签署，保费须按品种缴纳。投保农户不缴费，财政不补贴。

定损理赔：农户如在合同期内发生了灾害，首先要及时通知所在村协保员或镇（区）“三农”保险服务站，由镇（区）、村协保员把受灾情况核实后报送保险机构；其次要保护好受灾现场，未经保险公司允许，不能随意对灾害现场进行处理；最后，保险机构和政府相关部门将联合对受灾情况进行查勘定损，保险公司将根据规定进行理赔公示，无异议后向受灾农户发放赔款。

争议处理：农户或农业生产经营组织与农业保险经办机构因保险事宜发生争议，可通过自行协商解决，也可向当地政策性农业保险工作机构或政府申请调解；如调解无法达成一致，可申请仲裁或向当地人民法院提起诉讼。

4. 投保者需要注意什么

（1）投保者在决定投保前，须详细了解保费补贴政策、投

保单上的重要提示和保险条款（特别是保险责任、责任免除、被保险人义务等）；同时，投保单必须由投保人亲自填写，集体投保的被保险人要在投保农户清单上签字确认；另外，投保后，必须妥善保管好保险单和发票。

(2) 投保者如实填报姓名、保险的作物、面积、身份证号、联系方式、地块位置以及用于领取赔款的资金账号等识别信息。

农业进入到黄金10年！在国家政策的强力支持下，农业成为现在最火爆的行业！农业有风险，受自然灾害的影响比较大，但国家通过政策性农业保险，以补贴保费的形式，最大程度降低了农业投资者的风险！在政策性行业赚钱，就是这么任性！

二、中央财政农业保险保险费补贴制度

财政部印发《中央财政农业保险保险费补贴管理办法》（以下简称《办法》），进一步规范补贴资金预算管理和拨付流程，增加了追究审批责任的内容，引入了"无赔款优待"等鼓励农户投保，对中介机构行为进行了规范，并引导保险公司降低保险费率，加强承保理赔管理等，不断提高保障水平和服务质量。

《办法》坚持"用机制理财，用制度管事"的基本理念，最大限度减少自由裁量权，切实发挥好财政资金的使用效益；坚持"政府引导、市场运作、自主自愿、协同推进"的基本原则，逐步构建市场化农业生产风险分散机制，更好的服务"三农"；坚持"中央保大宗、保成本，地方保特色、保产量"的基本要求，以建立多层次农业保险体系，满足多样化农业保险需求。《办法》主要内容如下。

一是补贴政策。按照事权与支出责任相适应的要求，明确中央财政提供保险费补贴的农业保险标的为关系国计民生和粮食、生态安全的主要大宗农产品。同时，鼓励各地结合本地实际和财力状况，对特色险种给予一定的保险费补贴支持。

二是保险方案。在已出台监管政策基础上，对补贴险种保险条款与费率、保险责任、保险金额等内容作了进一步明确和完善。要求经办机构在充分听取有关政府部门和农民意见的基础上拟订条款和费率，不得设置绝对免赔，科学合理设置相对免赔。同时，经办机构连续3年获得超额利润的，原则上应当适当降低保险费率等。

三是保障措施。为切实保障国家的惠农政策落到实处，要求各地和经办机构应当结合实际，研究制定查勘定损工作规范，做到同一地区统一程序、统一标准，并增加了鼓励各地对经办机构展业给予支持的内容。实际工作中，地方财政可按规定通过预算安排资金，支持农业保险工作开展。

四是预算管理。根据近年来预算和国库支付管理的有关规定，明确了预算编制、申请、结算、资金拨付等内容，并明确中央财政农业保险保险费补贴纳入专员办审核范围。对资金使用效率较低的，财政部将收回中央财政补贴结余资金，并酌情扣减该地区当年预拨资金。

五是机构管理。《办法》明确了加强经办机构管理的具体举措，包括按照公平、公正、公开和优胜劣汰的原则，评选符合条件的经办机构、不得违规向中介机构支付手续费等。

第四节　大力扶持农业产业化发展

扶持农业产业化发展，是农业综合开发延长和完善农业产业链条、推进农业和农村经济结构调整的重要方式。在当前农业生产成本攀升、资源环境硬约束加剧的新态势下，迫切需要强化农业综合开发扶持产业化发展的作用，在扶持方式、扶持对象、扶持方向和扶持环节上开辟新路径、挖掘新潜力，加快转变农业发展方式，实现农业提质增效、农民持续增收。

一、目标任务

从2016年开始，农业综合开发产业化经营项目集中支持区域农业优势特色产业。对纳入农业综合开发优先扶持范围的优势特色产业，通过重点扶持、连续扶持，力争用3年时间，在各农业综合开发县初步形成1~2个优势特色产业，以省为单位各形成10个左右、在全国初步形成百个资源比较优势大、产业链条延伸长、一、二、三产业融合发展、示范带动作用强的区域农业优势特色产业集群，撬动金融资本和社会资本等其他资金投入，推动一批新型农业经营主体发展壮大，显著提升农业综合开发效益和水平，使农业综合开发成为推动农业优势特色产业发展、转变农业发展方式、推动农业现代化建设和促进农民持续增收的重要力量。

二、扶持范围

产业化经营项目所扶持产业以纳入《全国农业综合开发扶持农业优势特色产业规划》（以下简称《规划》）的产业为主。鼓励各省级农发机构在本区域内确定10个左右的重点农业优势特色产业。各县级农发机构原则上在本区域农业优势特色产业范围内择优选项。针对本区域范围内的农业优势特色产业，找准产业链条中的关键环节、薄弱环节进行重点扶持、连续扶持，打造完整的产业链条，做大做强区域农业优势特色产业。

三、扶持内容

扶持内容主要围绕完善农业优势特色产业链展开，具体包括种植业涉及的种苗繁育、标准化种植基地、农产品储藏保鲜、废弃物加工利用等；养殖业涉及的种畜禽（包括水产）繁育、标准化养殖基地、畜禽（包括水产）交易场所、饲草种植、饲料加工、粪污无害化处理、有机肥加工等；加工及流通业涉及的加工基地、原料仓储、成品储藏保鲜、冷链物流、产地批发市场等。同时，鼓励发展“互联网+农业”，积极支持优势特色农产品电子商务平台建设。

四、扶持方式

充分发挥财政资金对金融资本和社会资本的引领和杠杆作用，调整和完善财政资金对农业优势特色产业的扶持方式，逐渐形成以贷款贴息为主、以财政补助为辅、财政股权投资基金等多种形式并存的多元化扶持体系。贷款贴息项目优先扶持实力较强、规模较大、示范带动作用显著的农业产业化龙头企业和农民合作社。财政补助项目优先扶持农民合作社、家庭农场、专业大户及农业社会化服务组织等。鼓励和引导有条件的地区采取财政股权投资基金、贷款项目担保基金等扶持方式，发挥财政资金“四两拨千斤”的作用，撬动更多金融资本和社会资本支持优势特色产业发展。同时，鼓励地方积极探索有利于扩大社会资本投入、壮大优势特色产业集群的其他扶持方式。

五、工作要求

1. 加强组织落实

各省级农发机构可参照国家农发办发布的农业综合开发产业化经营项目申报指南和上一年度项目执行情况，制定符合省情的年度申报指南，明确具体扶持政策。并于国家农发办发布农业综合开发产业化经营项目申报指南之日起 1 个月内下发至县级农发机构。

2. 注重资金整合

按照“规划先行、加强衔接、统筹安排、突出重点、讲求实效”的原则，统筹相关支农涉农资金，着力整合农发资金和金融

资本、社会资本，加强项目间的有机衔接，形成扶持优势特色产业发展的强大合力。

3. 鼓励先行先试

鼓励地方积极探索、创新产业化经营项目扶持方式，撬动金融资本和社会资本，加大投入，提高农发资金使用效率，实现农发资金与金融资本、社会资本的有效配合和良性互动。鼓励有条件的地方进行先行先试，报经国家农发办同意后予以实施。

4. 及时总结完善

各地要进一步加强调查研究，及时掌握和跟踪优势特色产业发展和项目运行情况，不断总结经验，针对存在问题，适时完善相关政策措施，确保农业综合开发扶持优势特色产业取得预期成效。国家农发办将各省份扶持农业优势特色产业工作开展情况，纳入省级农发机构管理工作综合考核范围予以考核。对工作积极性高、优势特色产业发展成效明显的省份，在下一规划周期的资金分配中予以倾斜。

第五节　加快生猪生产恢复发展三年行动方案

党中央、国务院高度重视生猪稳产保供工作。习近平总书记多次作出重要指示批示，李克强总理提出明确要求。各级农业农村部门要认真贯彻党中央、国务院决策部署，落实全国畜牧业工作会议和全国大中城市“菜篮子”产品保供座谈会要求，进一步增强工作责任感紧迫感使命感，像抓粮食生产一样抓生猪生产，把生猪稳产保供作为农业工作的重点任务抓紧抓实抓细，千方百计加快恢复生猪生产，千方百计确保元旦春节和“两会”期间猪肉供应，务求尽早取得实效。

农业农村部把生猪稳产保供放在更加突出的位置，以国务院办公厅名义印发《关于稳定生猪生产促进转型升级的意见》

（2019 年 9 月 6 日），在市场拉动和政策推动下，生猪生产已出现止降回升的积极变化，但恢复生产发展保障市场供给仍面临不少困难和挑战，任务十分艰巨。当前首先是把生猪生产抓上去，确保各项既定目标如期实现。为此，制定本行动方案（2019 年 12 月 8 日）。

一、行动目标

生产恢复目标：2020 年要尽快遏制生猪存栏下滑势头，确保年底前止跌回升，确保明年元旦春节和全国“两会”期间猪肉市场供应基本稳定；确保 2020 年年底前产能基本恢复到接近常年的水平，2021 年恢复正常。

产销平衡总体要求：东北、黄淮海、中南地区（辽宁、吉林、黑龙江、河北、安徽、河南、山东、江西、湖南、湖北、广西等省区）为生猪及产品调出区，要为全国稳产保供大局作出贡献，实现稳产增产；东南沿海地区（天津、江苏、浙江、广东、福建等省市）为主销区，自给率要达到并保持在 70%左右；北京、上海等特大城市要通过跨区合作建立养殖基地等方式保证掌控猪源达到消费需求的 70%；西南、西北等地区（内蒙古、山西、海南、四川、重庆、贵州、云南、西藏、陕西、甘肃、青海、宁夏、新疆等省、区、市）为产销平衡区，要确保做到基本自给。各地要分解任务到县（市、区、旗），确保任务落实到位。

二、重点任务

1. 落实生猪规模化养殖场建设补助项目

督促各地抓紧落实 2019 年项目资金，指导养殖场户尽快开工建设；及时下达 2020 年项目资金，加快项目执行进度，尽快形成实际产能。

2. 加大农机购置补贴支持力度

指导地方对生猪养殖场户购置自动饲喂、环境控制、疫病防控、废弃物处理等农机装备实行应补尽补。

3. 保障养殖用地

配合自然资源部门落实生猪养殖用地按农用地管理政策，不需办理建设用地审批手续，简化用地程序，提高用地取得效率。

4. 落实财政支持项目

用好生猪调出大县奖励资金，支持生猪生产发展、动物疫病防控和流通基础设施建设。落实非洲猪瘟强制扑杀补助经费，县市要加快补助资金拨付进度，在 3 个月内将补助资金给付到位。

5. 加大金融保险支持

总结推广抵押贷款试点经验。督促地方细化落实种猪场、规模猪场流动资金和建设资金临时贷款贴息政策，及时兑付贴息资金。扩大能繁母猪和育肥猪保险覆盖面，配合银保监部门进一步落实生猪政策性保险，降低养殖风险。

6. 继续开展生猪养殖标准化示范创建活动

3 年内再创建 120 家可复制、可推广的高质量标准化示范场，总结推广典型模式，辐射带动标准化生产水平的提升。

7. 帮扶中小养殖户恢复生产

在湖南、湖北、广东、广西、重庆、四川、贵州、云南、陕西 9 省（区、市）各选择 1~2 个脱贫攻坚任务较重的地级市，推动大型生猪养殖企业与地方对接，通过“公司+农户”、托管租赁、入股加盟等方式，对中小养殖户实行包片帮扶，带动有能力有意愿的中小养殖户增养补栏。

8. 开展禁养区清理工作

配合生态环境部，督促地方全面清理超范围划定的禁养区，确保 2020 年 12 月底前完成。对打着环保名义搞“无猪市”“无猪县”的，一律责令整改。

9. 推进养殖项目环评“放管服”改革

对年出栏5 000头以上的生猪养殖场建设，开展环评告知承诺制试点，建设单位提交承诺书和环评报告的，可以不经过开工前的评估审查，直接作出审批决定。

10. 加强非洲猪瘟等重大动物疫病防控

督促各地继续抓好监测排查、清洗消毒、调运监管、禁用餐厨废弃物等现行有效防控措施。加快推进分区防控，支持有条件的地区和企业建设无疫区和无疫小区。建立完善动物防疫风险管理制度和标准体系，修改完善《动物防疫条件审查办法》。严格按照应急实施方案要求，及时规范处置新发疫情，及时兑付非洲猪瘟强制扑杀补助。

11. 压实养殖场户防疫主体责任

督促养殖场户落实物理隔离、化学消毒、生物免疫等综合措施，实施养殖场动物疫病净化工程。支持第三方检测监测和养殖加工企业自检，发展专业化社会化动物防疫服务组织。

12. 规范疫情报告

强化政策宣传，鼓励养殖场户开展非洲猪瘟自检并及时报告异常情况。各地一旦发现疑似疫情，必须第一时间规范报告。对故意迟报、瞒报、谎报尤其是阻碍他人报告的行为，严肃追责问责相关责任人。设立非洲猪瘟疫情有奖举报热线，畅通疫情举报渠道，严格疫情举报核查，社会公众举报非洲猪瘟疫情以及违反非洲猪瘟相关防控规定情形的线索，经查证举报属实的，给予相应奖励。

13. 建立健全动物防疫体系

督促地方抓紧完善省市两级动物防疫行政机构，加强市县兽医实验室技术支持能力，开展基层动物防疫机构标准化建设，按照“三权归县、服务在乡”的管理机制设置乡镇或区域性畜牧兽医站，通过“以钱养事”等机制配备乡村防疫人员，强化疫

情处置应急队伍建设，尽快补齐防疫机构体系和人员队伍等短板。在畜牧养殖大县实行防疫人员特聘计划，特聘动物防疫人员1万人左右。

14. 加快推进粪污资源化利用

落实粪污资源化利用支持政策，推广整县治理典型模式，打通畜禽粪污终端产品利用渠道。完善社会化服务机制，采取分散收集、集中处理或就近直接还田利用等方式，解决中小散养户粪污处理问题。到2020年年底，全国畜禽粪污综合利用率达到75%以上，规模养殖场粪污治理设施装备配套率达到95%以上。

15. 强化病死猪无害化处理

健全病死猪无害化处理体系，全面推进专业化集中处理，优化无害化处理企业布局，及时足额落实补助资金，支持无害化处理企业提升收集、转运、处理各环节生物安全水平，确保无害化处理企业可持续运行。

16. 规范生猪屠宰加工企业发展

优化主产区生猪屠宰产能布局，支持优势屠宰产能向东北、黄淮海和中南部分省区养殖集中区域转移，实现与养殖布局相匹配。在现有5 005家生猪屠宰企业基础上，继续整顿清理小型屠宰场点。开展生猪屠宰标准化示范创建，2020年创建100家标准化示范企业。不定期开展监督抽查，确保生猪屠宰环节非洲猪瘟自检制度和官方兽医派驻制度成为常态。

17. 加强科技支撑与指导服务

加大非洲猪瘟疫苗科研攻关力度。开展非洲猪瘟防控技术集成示范，推广大型养殖企业有效防控模式。实施生猪良种补贴，推广人工授精技术。发挥畜牧兽医技术支撑机构、行业协会、国家生猪产业技术体系的技术优势，通过培训讲座和入户指导等方式，推广生猪疫病防控、节本增效实用技术。

18. 促进产销对接

推动主销区提高生猪自给率，在提升本地生猪产能基础上，到有条件地区协作建立生猪养殖基地，采取“厂场挂钩，定向供应”等方式，增强生猪供应保障能力。依托直联直报平台、《动物检疫合格证明》电子出证系统、生猪屠宰统计监测系统，保障种猪和仔猪有序调运，支持生猪及其产品“点对点”调运，促进生猪及产品有序流通。

三、保障措施

一是充分发挥农业农村部门牵头职责。农业农村部门作为生猪稳产保供的主管部门，按照国务院要求，主动发挥牵头职责，会同有关部门，认真履职尽责，形成工作合力，全面推动地方责任和中央各项扶持政策落实落地，促进生猪生产加快恢复。

二是完善政策落实沟通协调机制。目前，农业农村部已会同有关部门成立恢复生猪生产协调办公室，各地农业农村部门也要参照成立恢复生猪生产部门协调机构，主动承担牵头职责，推动资金、土地、环保、金融等政策落地落细落实。强化进展情况跟踪，按月调度政策落实和生猪生产情况，对标对表抓落实。

三是落实省负总责总要求和“菜篮子”市长负责制。各级农业农村部门要积极争取地方政府支持，在责任落实、规划政策、资金投入、人才支持等方面拿出切实过硬举措，坚决完成恢复生产目标任务。各省（区、市）要按新的形势和要求，进一步细化 3 年生猪生产恢复任务目标。农业农村部将会同有关部门对各省承诺的发展目标和稳产保供工作开展督查，督查结果上报国务院，并在全国范围内进行通报。

第六节 加强和改进农机购置补贴监管与服务

加强和改进农机购置补贴监管与服务——农业农村部农机化司负责人回应农机购置补贴热点问题。

2019 年 3 月以来，农业农村部、财政部先后印发《关于做好 2019 年农业生产发展等项目实施工作的通知》《关于进一步加强农机购置补贴政策监管强化纪律约束的通知》《关于进一步做好农机购置补贴机具投档与核验等工作的通知》等 3 个文件，旨在加强和改进农机购置补贴监管与服务工作。农业农村部农机化司有关负责人日前就相关热点问题回答记者提问。

问：为何要出台农机购置补贴实施监管与服务工作的新举措？

答：2019 年农业农村部、财政部印发《2018—2020 年农机购置补贴实施指导意见》，明确了新一轮实施周期政策框架和实施操作要求，各级农业农村部门、财政部门密切配合，2018 年使用补贴资金 174 亿元，共扶持 163 万农户购置机具 191 万台(套)。

但在实施过程中也发现了一些新问题，特别是河南省开封市、四川省凉山州相继出现农机购置补贴违法违规案件，暴露出有的地方属地管理责任落实不到位，廉政风险防控制度和内部控制机制不够健全，让不法分子有机可乘，也反映出有的制度规定还需要进一步完善。

因此，两部门上述文件突出问题导向，在加强纪律规矩约束、严查严处违规行为、强化补贴机具核验监管等方面出台了针对性的举措。同时，推出了一系列便民利民举措，进一步提升政策实施规范性和满意度。

问：如何强化农机购置补贴纪律约束？

答：此次强化有关纪律规矩约束的要求，主要包括3个“突出强调”。

突出强调属地管理责任。进一步明确了地方农业农村、财政部门和县级农机购置补贴领导小组的职责分工和责任，要求有关部门在政府领导下进行联合监管，加强内部控制，健全廉政风险防控机制，加强补贴机具核验等关键环节工作人员的监督管理。

突出强调农机产销企业切实承诺践诺。针对性地明确了企业需承诺践诺的重点事项，涉及补贴机具销售、售后服务、退换机等管理系统要互联互通、相互校核，有关资金往来要全程留痕备查，要对经销商出具的发票、合格证等补贴申请资料和牌证申请资料进行核对，要加强管理防范经销商和内部不法人员通过收集农民身份证明、虚开发票、虚购报补、重复报补等方式骗套补贴的行为等。

突出强调信息公开。明确各地要全程、全面、实时公开政策实施相关信息，延长了补贴申请信息公示时间，要求县级补贴信息要与省级以上农业农村主管部门主办或指定的网站实现链接，在更大范围上接受社会监督。

问：在严查严处违规行为上有何举措？

答：2017年5月，农业部、财政部印发《农业机械购置补贴产品违规经营行为处理办法（试行）》。对其中危害较大的违规行为，如产销企业提供不实投档信息、产品信息、销售信息，通过虚构报补、重复报补、以小抵大等方式骗套补贴，拒不配合调查、提供虚假调查资料等，2020年有关文件明确实行顶格处罚、联查联处，真正让失信违规企业“一处失信、处处受限”。

只要查实企业有上述违规情形之一的，一律先行采取暂停违规企业全部产品补贴资格或经销补贴产品资格，再根据违规情节

作出后续处理。明确一省查实作出处理的企业，其他涉及省份要直接采信相关处理决定，作出同等处理。

同时，建立省际补贴信息联查机制，利用大数据技术进行比对分析，在全国范围内排查可疑线索，支持和指导各地做好违规行为查处工作。对拒不履行资金处理决定的违规企业，明确财政部门申请司法机关强制执行。

问：在优化服务方面有哪些新举措？

答：3 个文件围绕补贴机具投档、补贴资金申领与使用等工作，提出了便民利民的新举措，主要体现如下。

便利企业投档。组织制定了《农机购置补贴机具投档工作规范（试行）》，明确全面运用补贴机具信息化自主投档平台，切实减轻企业负担。

便利购机者申请补贴。要求全面实行农机购置补贴辅助管理系统常年连续开放，实现农民"无缝""随时"申请补贴。推广使用手机 App 等信息化技术，加快实现购机者申领补贴"最多跑一次"。购机者凭拖拉机和联合收割机行驶证申请补贴免于现场实物核验。

推行补贴申请受理和资金兑付限时办理。对基层农业农村、财政部门的相关工作时限进行量化规定，保障补贴资金及时到户。

扩大补贴机具种类范围。全国农机购置补贴机具种类范围新增了有机废弃物好氧发酵翻堆机、畜禽粪便发酵处理机、有机肥加工设备、有机废弃物干式厌氧发酵装置 4 个畜禽粪污资源化利用机具品目，同时，鼓励有条件的地方选取废弃物料烘干机、增压沼液施肥设备和粪污罐等有助于畜禽粪污资源化利用的机具，开展新产品补贴试点。

参考文献

农业农村部、财政部、人力资源和社会保障部等官方网站
农民日报、光明日报等媒体